達摩祖師論集‧真實義

山海慧法師　註解

序

達摩就是佛祖。祂大慈大悲一直留在人間、輾轉教化直至六祖惠能大師為止。達摩佛祖在中國所教化的四行觀、血脈論、悟性論、破相論；以及六祖惠能大師的懺悔品、皆是欲學佛道的人之無上法寶、我等皆須恭欽遵行。我等修如來真如本心之人、更須恭欽遵行、以期後日能成佛道佛果。我們修如來最後垂範、觀無量壽佛四十八願無量義禪經、必須以達摩佛祖、惠能大師的著作做為建築的支架、須時時自省自心、莫犯三毒六賊及一切過錯。經云：「隨其心淨、則一切佛土淨」。一般眾生都以此為口頭禪、哪知佛在告知我們、三毒之心若盡淨、則觀無量壽佛經裡的一切、皆會一一明顯現前、如於鏡中自見面像。又說：「心佛眾生等無差別」、世人皆誤解佛意、佛是說：「如來真如本心、四智菩提的心、見性明心的心、佛與眾生是一樣的、沒有什麼差別」。差別只在有修內性與只修外道而已。

今有佛弟子們起大慈悲、將這些經文及註解、打字校對成書、分享給有志求佛道的善知識。要學如來真如本心、四智菩提心、見性明心的心者、務必前來皈依求法。否則你一生持戒布施、唸佛誦經、坐禪打七、遶佛持齋、皆是空行、究竟落入六道輪迴、永無出期。

法華經、佛向妙音菩薩言：「此閻浮提眾生、各個慈心柔軟、雖經無量無邊阿僧祇劫、終究會成佛」。佛是用柔軟語在提示：「此地球上的眾生、各個頑硬自負、雖然經過無量無邊阿僧祇劫、永遠難成佛道佛果」。你覺得如何呢？佛在大般涅槃經云：「我的經典、是甘露也是毒藥」。能悟經中真實義、如法修行即是最上甘露；若只迷昧外相、誤解真實義、即是毒藥。世上眾生(謂人)、皆迷外相以為功德、豈有此理？願大家共勉之。

山海慧法師　二〇二一年七月十六日序

目錄

達摩四行觀・真實義

達摩四行觀・真實義　山海慧法師　註解

達摩四行觀

（菩提達摩原著）

山海慧註於西元一九九八年

夫、入道多途、要而言之、不出二種、一是理入、二是行入。

佛於經中說：一切凡夫、由初乾慧心、要進入無上解脫的無上覺道、雖有五大宗教、細分八萬四千法門爲引路、但以要點來說、不出兩種入道的途徑。第一是由性理悟入真道、第二是由解行悟入眞道。

理入者、謂藉教悟宗、深信含生、同一真性、但為客塵妄想所覆、不能顯了。

由性理悟入真道者、即是所謂、藉大乘教而悟其宗源、深信一切含靈生命、皆同源於一真法界性。因生死輾轉、而被外來色聲香味觸之客塵所污、致真如本心流順客塵而成妄想識心。妄想日增月深年久、而成宿習覆蓋真如本心、致令自性眞如本心不能獨立顯露。

若也、捨妄歸真、凝住壁觀、無自無他、凡聖等一、堅住不移。

有智之士、能捨客塵之妄心、歸返真如法界性、依於法性、凝神定觀、無我相、無人相、無眾生相、無壽者相、無客塵之色相、聲相、香相、味相、觸相、法相、非法相、無相無所住、而爲凝神諦觀一眞法界性、雖是凡夫、實與聖人無有差別。

● 於修學中、惟一門深入、修此無為至真不妄之理、堅住諦觀「真如法性」、亦即諦觀法藏比丘四十八願淨業所成極樂世界一切實相、堅住不退、不移不易。

更不隨文教、此即與「理」冥符、無有分別。「寂然無為」名之「理入」。

行者、依於眞如法性(眞如本心)、凝神諦觀、專精不二。不隨依諦諸經、一切文教、能如是修行、即是與「性理」完全符合、不偏不倚。此即所謂「寂然無爲」。這樣修行、即是名爲「理入」。

行入、謂「四行」、其餘諸行、悉入此中。何等四耶？一報冤行、二隨緣行、三無所求行、四稱法行。

由解行(了解一切、皆由因緣果報所致、於是不生貪瞋癡愛慢逃離之心)而入於無上解脫無上覺道者、即是所謂「四行觀」。於四行觀中、諦觀一切與我身心觸受一切諸法、皆是由於前世之因、遂成今世的果報。是故、能於身心觸受一切諸事諸惑、不起無明、皆能「隨喜順受」而不起「貪、瞋、癡、愛、慢、逃離」等、無明虛妄、故曰：「其餘諸行、悉入此中」。

什麼是「四行觀」呢？一報冤行、二隨緣行、三無所求行、四稱法行、以上即是「四行觀」的名稱。

云何「報冤行」？謂修道行人、若受苦時、當自念言：「我往昔無數劫中、棄本從末、流浪諸有、多起冤憎、違害無限、今雖無犯、是我宿殃惡業果熟、非天非人所能見與、甘心甘受、都無冤訴」。經云：「逢

苦不憂」何以故？識達故！此心生時、與「理」相應、體冤進道、故說言：「報冤行」。

什麼是「報冤行觀照」呢？即是所謂、修道行者、若遇到不如意事（障難）現前時、應當自我觀照思惟：「我往昔無數劫中、爲客塵所覆、蒙蔽本真、於三界六道二十五有之中、流浪生死、不知凡幾、必有違背天理良心、冤害無數眾生、而有無量的冤債惡業。雖然我今學道修善、無有違犯、我今所遇障難惡緣、是我往昔所造惡業、因果成熟所致、非是天不佑我、亦非是人來害我、皆是我往昔惡因、緣今受報、我當甘心甘受其報、以滅其罪、不必怨天尤人、亦不向曹官提出訴冤、以甘願心、甘願受、如如不動」。佛經中曾說：「逢苦不憂」是什麼緣故呢？因爲知識真相、心胸豁達的緣故啊！以上這些觀照冤障因果、甘心甘受的心念顯生的時候、就與如來法界性理相應、能體冤進道、得不退轉、所以稱這種觀照修行、名爲「報冤、行道觀照」。

二「隨緣行」者、眾生無我、並緣業所轉、苦樂齊受、皆從緣生、若得勝報榮譽等事、是我過去宿因所感、今方得之、緣盡還無、何喜之有？得失從緣、心無增減、喜風不動、冥順於道、是故說言：「隨緣行」。

「隨緣行觀照」者、觀照一切眾生、無法自我掌控命運、唯有隨著業力輾轉、苦事樂事無不皆由業力感招果報而成。於修學中、若得遇勝緣勝報、功名利祿等事、無一不是我於過去無量生死之中、植善修福感報今生此身。現在雖然得到、然福緣若盡、依然兩手空空、一無所有、既知此理、還有什麼事物可喜可戀？福禍得失、莫不隨因果衍生。是故得遇勝緣福報、心不生喜、不幸得遇災障惡緣、心不生憂苦。念念之中無非安住真如本心之境、隨順無上覺道、得不退轉、名爲「隨緣、行道觀照」。

三「無所求行」者。世人常迷、處處貪著、名之為「求」。智者悟真、

理將俗反、安心無為、形隨運轉、萬有斯空、無所願樂、功德黑暗、常相隨逐、三界久居、猶如火宅、有身皆苦、誰得而安、了達此處、故捨諸有、止想無求。經曰：「有求皆苦、無求即樂、判知無求、真為道行。」故言：「無所求行」。

「無所求行觀照」者、所謂世間人、常迷五欲（色聲香味觸）、處處貪著於「名、利、財、食、睡」追逐不捨、這就叫作「求」。然而、聖人、體悟真如本心、真如之性理與世俗凡夫之欲求相反。聖人安住真如法性之中、眞如本心純淨光明、無所願求、自在無爲。因此、聖人一切作爲、皆隨順真如法性、見「萬有」皆歸「空寂」、成之還壞、得之還失、明諦此理、因而心中無心、於「名利財食睡」無所願求、於「色聲香味觸」無所樂樂。聖人諦審明見、功德與罪業常恆相互跟隨於眾生的「心」、功德與罪業常於眾生「心」中互相追逐排擠、因此深知若在三界色身中久居、如居於烈火燃燒的宅舍中。深知三界之中「受身」於二十五有塵沙品類、其身皆是大患大苦、有哪個能得安寧？若能深深觀照、明諦了達、到此境地、則能捨求生三界二十五有之迷惑、止息妄想、一心眞如、別無所求。佛經中曾說：「一切有求皆是大苦、無願無求即得眞樂、能深入觀照如實判知、無所願求、如此之人、就是真實的修道、真實的行道。」以上眞理、名爲「無所求、行道觀照」。

四「稱法行」者、性淨之理、目之為法、此理眾相斯空、無染無著、無此無彼。

「稱法行觀照」者、所謂「稱法」即是「依法、如法」之義。「依法如法」者、即隨順法性真實相真實義之無量義。法性空寂清淨無爲之至理、惟清淨質直之心、思惟諦觀、則無相不相、空而不空是名妙有。妙有無量相中、不相無相、法性空寂之至理自然當現、此即所謂「法性實相」。故曰：「此理、眾相斯空、無染無著」。以能「眾相斯空、無染無著」故、能「無量具足、無處不在、法性空寂」名曰：「無此無彼」。是即名爲「性空」、乃無上覺之至道。

經曰：「法無眾生、離眾生垢故。法無有我、離我垢故。」智者若能信解此理、應當稱法而行。

佛經中說：「法性之中、無貪瞋癡、以法性中無有眾生貪瞋癡三垢的緣故。法性之中、無我相者、以法性之中無我執之垢的緣故」。有智之士、若能深信此真理、了解此眞理、應當依法如法而修行此無上覺道。

法體無慳。身命財、行檀捨施。心無悋惜。脫解三空、不倚不著、但為去垢、稱化眾生、而不取相。

● 法性真如、本來清淨、無染無著於相、因而行者、亦當不著於八萬四千法之法相、亦當不著於外道魔說與狂慢自是種種戲論之非法相、於法性真如究竟不退轉、於法與非法、無染無著、即是所謂「法空」、故曰：「法體無慳」。慳字於此、不應作「吝」義、實應作「執著」義。

● 行者、參善知識學道、應當將自己身命擁有的財寶糧食、以清淨質直歡喜之心、施捨供養了義法師、助道行化、功德無量無邊、即是所謂「身空」、故曰：「身命財、行檀捨施」。

● 行者、於修學中、不貪「名、利、財、食、睡」、不戀「色、聲、香、味、觸」種種享受。亦不住於「我相、人相、眾生相、壽者相、色相、聲相、香相、味相、觸相、法相、非法相」、即是所謂「心空」、故曰：「心無悕惜」。行者、心無悕惜一切惑業、故能於第一義諦、得不退轉、如此行者、堪稱「無心道人」。行者能如所說「法空、身空、心空」行第一義諦無上覺道、必於是身、證得「阿耨多羅三藐三菩提」。即是證得「無上解脫、無上覺道」、故曰：「脫解三空」。

● 行者、實踐三空（法空、身空、心空）、依第一義諦行深妙觀、無量妙義、自然當現。無量妙義、法無定法、會歸於一真「性空」之體、即是如來法身究竟所住之處、故能顯露潛藏已久的真如佛性、聖胎成就、證得慧命法身果體、成就究竟不生不滅的無上解脫。故曰：「不倚不著、但爲去垢」。

● 行者、如說修行、逆三界六道、二十五有、諸生死流、依佛願力順行修持、必得成就「無上正覺」、是名「自覺菩提」。以平等智、覺化眾生、成無上覺、是名「覺他菩提」。自覺、覺他、永無終止、名曰「覺行菩提」。以從「理入、行入」得證「阿耨多羅三藐三菩提」故、曰：「稱化眾生、而不取相」。

此為自行、復能利他、亦能莊嚴菩提之道。

如前所說、一切修證、皆要自己勇猛增進、非只精進、要自強增進不息、始能由悟入證、名爲「自行」即是所謂「自利」。以此無上覺道、平等教化無量眾生、令皆得無上覺、故曰：「復能利他」。以能「自覺、覺他、覺行、三覺圓滿」、故曰：「亦能莊嚴菩提之道」。

檀施既爾、餘五亦然、為除妄想、修行六度、而無所行、是為「稱法行」。

● 檀施、即施捨也。其義、以清香清淨之心、施捨清香清淨之物、供養三寶是也。施、謂施爲運作。捨、謂捨離貪瞋癡執也。

● 檀施既爾、餘五亦然、謂前所說「性空布施、法空布施、身空布施、心空布施」既已明了、得真無漏、其即名爲「布施波羅蜜」。尚有「持戒波羅蜜、忍辱波羅蜜、精進波羅蜜、禪定波羅蜜、般若波羅蜜」此五種波羅蜜、亦是如此、全係自性內功內果、無爲修證、非同生死凡夫(不見性、即是凡夫)所說之有爲外道法。

● 所謂「六度」、係指依於六波羅蜜、契入如來大智慧海、以見性明心故、直了成佛、度出三界六道生死此岸、到達一真無爲法界涅槃彼岸、是故名爲六波羅蜜。六度者、謂行者依循如來所行的六種性理梵行、則能度脫生死此岸、到達究竟涅槃彼岸、故曰「六度」。

● 波羅蜜者、謂「證大果」、謂「達彼岸」、謂「究竟涅槃真諦」。是故吾曰：爲除妄想、修行六度、而無所行、是爲「稱法行」。據此數語、即當了悟「六度萬行」、即是「性理梵行」、決非不見性人所說的有為六度。

今作一偈：

見性悟道須了義、（見性悟道、生死事大、必眞了達、才有實益）
必因師教始能知、（要了達見性之實相實義、必得明師授教才能知）
我慢自是終自欺、（若以邪見、我執自是、認假爲真、終究是妄自欺心）
空過一生後悔遲、（自是我慢、不參真善知識、盲修瞎煉、難免六道輪迴）
若還不信此真理、（如果你還是不信「明師授性」很重要、舉一例子給你參考）
蠹蟲食畢神仙字、（你讀佛經猶在身外、蠹蟲卻把佛經全吞入腹中消化了）
自應飛昇上丹墀。（哪一隻蠹蟲見性成佛？現在你該明白了吧！）

達摩四行觀 終

達摩血脈論・真實義

山海慧法師 註解

達摩血脈論

（菩提達摩原著）

山海慧註於西元一九九八年

三界混起、同歸一心

三界混沌初分、而生六道二十五有塵沙品類、一切眾生、同是「一真法界真如本心、佛性」所化生。

前佛後佛、以心傳心

●「前佛」謂無量久遠阿僧祇劫永恆常住世尊、即毘盧遮那無量壽佛也。「後佛」謂在三界中修證十二次等覺圓明、第十三次應最後身、即身成佛那個人。

●前佛以正徧知入于後佛弘誓大願正念中、後佛隨順正徧知入于如來四十八願大智慧海、見性、明心、直了成就「如來慧命法身果體」、故曰：「以心傳心」。

不立文字。

見性明心、直了成佛的無上覺道、是末法世中、如來以正偏知授記應最後身的摩訶薩、以心傳心、心心相映而出、並沒有記載於釋迦牟尼佛住世八十一年所演說諸經中、故曰：「不立文字、教外別傳」。不立文字其義已明、然「教外別傳」係指無上覺道、不在佛教各宗門中傳、而是傳在佛教宗門之外、俗家人民也。

問曰：不立文字、何以為心？

人問吾曰：若不存在十二部經中、那麼「以心傳心」究竟是怎麼回事？十二部經：華嚴、阿含、維摩、楞伽、楞嚴、淨名、寶積、般若、涅槃、彌陀、法華、大般涅槃等十二部經是。

答曰：汝問吾、即是汝心。吾答汝、即是吾心。吾若無心、因何解答汝。汝若無心、因何解問吾。問吾、即是汝心。

此前段所云：「吾」係指前佛也、「汝」係指後佛也。其後所云：「吾心」係指如來正徧知也、「汝心」係指行者之正憶念也。

從無始曠大劫以來、乃至施為運動、一切時中、一切處所、皆是汝本心、皆是汝本佛。

從無始無數阿僧祇劫、至於今時、無量宇宙所有一切施為運轉動靜、任何時間、任何處所、全與你的真如本心相合無二、全與你的真如本覺相合無二。

「本心、本佛」者、謂「覺了、能知、萬能、全能、之覺性」也。

即心是佛、亦復如是。

非但一切時中、一切處所、恆古恆今、所有一切施為、運轉、動靜、全與你的本心本覺相合無二。甚至契入如來法性四十八願無量無邊智慧功德海、開闡潛藏已久的真如佛性、見性、明心、直了成佛、等事、亦是全由你本心本覺隨順如來本心四十八願無量無邊智慧功德海、而成就。

除此心外、終無別佛可得。離此心、外覓菩提涅槃、無有是處。

除了真如本心之外、無佛可見、無道可得。離了真如本心向外尋找究竟不生不滅之道、此人已落大惑之中、一切言行、皆離如來聖意、不能說是佛門弟子。

自性真實、非因非果、「法」即是「心」義、自心是涅槃。若言「心外有佛」及「菩提」可得、無有是處。

● 所謂「自性」、係指「一真法界實相」。自性並不是由因而緣果、所以不能以因果兩事來判知自性為何物。

● 所謂「法」即是法性、即是自性、即是真如本心。

● 所謂「心」即是法性、即是自性、即是真如本心。

●吾於經中常說：「心即是佛、佛即是心、心即是法、法即是心」。世人見此語而不能悟、莫不墮大惑之中。為度眾生、今述此實相實義、已將「佛、法、心、性」全部了義通達敷演、令見聞者實知奧妙。據此可證知吾於經中所謂「自心法性即是涅槃實相」確是真實不虛也。若有修行者說：真如本心（自性）之外另有佛性。或說：真如本心（自性）之外、另有菩提大道可求可得。這種修行者、是假修行、是大惑、大障、大愚、大癡的生死凡夫、是謗「佛正法」的一闡提、不是善知識、所以說：「無有是處」。

佛及菩提、皆在何處？譬如有人、以手提虛空、得乎？虛空但有名、亦無相貌、取不得、捨不得、是捉空不得、除此「心」外、見佛終不得也。

「佛」與「道」究竟是在哪裡呢？比方說、用手去捉拿虛空、捉得到嗎？捉得住嗎？虛空只是一個名稱、並沒有物質形體、所以才稱它名為虛空。要捉拿虛空是不可能的、要避離虛空也是不可能的。既知用手去捉拿虛空絕不可能、要悟見性成佛、也是一樣、除了真如本心（自性）之外、要覓佛性、要見如來、終其一生、絕無可能達成目的。

佛是自心作得、因何離此心、外覓佛？

要修證成佛、必須從自性真如本心而修、亦由自性真如本心而證而成、為什麼遠離自性真如本心、向外處處覓佛求道呢？

前佛後佛、只言其心、心即是佛、佛卽是心、心外無佛、佛外無心。

前佛、謂世尊無量壽佛。後佛、謂應最後身、人身即將成佛那個人。前佛後佛、及往後成就一切諸佛、惟以真如本心無上覺道、傳承修證更無別法。真如本心就是佛性。佛性就是真如本心、真如本心之外更無佛道可求可得、佛性之外更無真如本心可覓可尋。

若言「心外有佛」、佛在何處？心外既無佛、何起佛見、遞相誑惑？不

能了本心、被他無情物攝、無自由。若也、不信、自誑無益。

如果說「真如本心」之外、另有佛性、那麼如來法身在哪裡？真如本心之外既無如來法身、為什麼生起「棄真如本心而向外尋覓如來法身」的邪見、互相欺騙迷惑眾生？不能了悟「真如本心就是如來法身」、反而去拜那些泥雕、木塑、金石、塑膠之類造成的佛像、如何能成就無上解脫呢？如果、不能信此真理、我慢自是、空過一生都無益處。

佛無過犯、眾生顛倒、不覺不知自心是佛。若知「自心是佛」不應心外覓佛。

毘盧遮那如來世尊為度化人類、示現為釋迦牟尼佛、住世說法四十九年、演說大乘十二部經、早就將「自性真如本心就是眾生成就如來法身唯一途徑的第一義諦」用種種譬喻演說教化。可是、眾生迷惑深著於相、起諸妄想、顛倒是非、以致不能覺悟、不能了知自性真如本心就是佛性、自性就是成就如來慧命法身唯一的真理。菩提達摩今代替釋迦如來闡說「如來千古密語、光揚如來無上大義」、講解到這段文章、若有人已能信解「自性真如本心（一真法界實性）就是如來法身究竟所住之處。只要行深觀照自性真如本心、即可開顯潛藏已久的真如佛性、即可即身成就如來法身、即可以凡夫身、據此一身、直超五十五位真菩提路、證道等覺、圓滿菩提」。若有人、已能如此深信深解者、即應立即捨離八萬四千有為小法、立即進入見性明心直了成佛的真如本心實相三昧、勇猛增進、以取正果、不應續作迷人、於真如本心之外、尋覓如來佛果。應速參訪真善知識、求取無上菩提。

佛不度佛、將心覓佛。不識佛、但是外覓佛者、盡是不識自心是佛。亦不得將佛禮佛、不得將心念佛。

● 泥塑、木雕、金屬、石頭或塑膠等一切無情之物、以人手製造的佛像、並不是佛、這些佛像是不能度眾生的。現在的眾生、就是未來的佛、所以說：「佛不度佛」。

● 眾生若要得度彼岸成佛、就必須「行深觀照於真如本心」始能令潛藏已久的真如佛性顯露、名為「見性」。見性之後、息緣淨慮始能「明心」。明心者、謂證無生法忍也。是故、世尊釋迦牟尼、我今為菩提達摩、現忿怒金剛相出於世間、莫不直言「見性明心、直了成佛」。必須見性在先、始能明心、終究成佛、所以說：「將心覓佛」。

● 迷人、不識「佛」就是指「佛性」、亦即是指「自性真如本心」、但於自性本心之外馳求如來佛道、這些盡是不知「自性本心」就是「如來法身」的迷人。

● 任何人、皆不可以將「具有佛性的人身」用愚癡的誠心去禮拜一切以人手製造的佛像、妄認它是佛。所以說：「亦不得將佛禮佛」。因為這是最大的愚癡迷惑、是故聖君治世、必以非常手段、掃除一切迷信。基督所教、何異吾菩提達摩之語哉！

● 任何人、皆不可用「粗略的心」以諦觀「如來法身」、更不可用「著相的心」、僅用口稱念「南無阿彌陀佛」六字洪名、就認為可以到彼岸成佛。所以說：「不得將心念佛」。因為這是最嚴重的懈怠、不精進。當知「南無」即是皈依。

「阿」即是廣大無邊。

「彌」即是無量徧滿。

「陀」即是光明圓滿。

「佛」即是清淨法身。

若不知此六字洪名之真實相真實義、不知依實相實義修行、將六字洪名日唸十萬遍、以此精進、雖過百萬億無量阿僧祇劫、亦不能「滅罪」生西成佛。因為教你唸「南無阿彌陀佛」實是教你「皈依、廣大無邊、無量徧滿、光明圓滿、清淨法身」。若只口唸而心不皈依、如何能滅罪生淨土耶？

佛不誦經、佛不持戒、佛不犯戒、佛無持犯、亦不造善惡。

三乘經教、是為迷人而設的、迷人誦經持戒行善離惡、漸漸萌長道芽、由小乘入中乘、由中乘入大乘、發菩提心、而後始能依真如本心、見性、明心、直超金剛十地、證等覺圓明、圓滿菩提、究竟成佛。因此、見性明心（謂依如來真如本心修證無生法忍）的人、雖未證佛果、而實等佛位、故名「等覺」。等覺菩薩住三界中、代佛教化、名為「常住佛」、又名「常住法」、又名「常住僧」。以是義故、吾於經中說：「見性明心的等覺菩薩、名為『佛』。是故、佛已不必再誦經、佛已不必再持戒。佛已業惑淨盡更無所斷、所以佛不犯戒、佛不持戒。佛（等覺菩薩）常住真如本心以無生忍慧運施善巧遍十方界、普利群生而本寂不動。所以說：「佛不造善、不造惡業」。此事、惟已修證道果的了義菩薩、才能心領神會其中奧妙。如果、傲慢眾生、自謂已證等覺成佛、已不必持戒、作事已無因果業報、如是罪人、即一闡提、死墮三途、永無出期。

若欲覓佛、須是見性、見性即是佛。

若有人要求佛道、必須恭敬供養禮拜已有見性的真善知識、恭敬諮請「無上覺道」、勤隨修行、二六時中、恆不退轉、則「見性」自捷、明心可冀、成佛不遠也。因為、已修證「見性」的了義修行、即是人間「常住佛」、亦名「常住法」、亦名「常住僧」、是真正的善知識。

- 何名「常住佛」？以「見性真善知識」常住清淨法身「真如」之中、故名「常住佛」。
- 何名「常住法」？以「見性真善知識」常住真如法性「自性」之中、故名「常住法」。
- 何名「常住僧」？以「見性真善知識」常住清淨質直「本心」之中、故名「常住僧」。

若不知此事者、「佛、法、僧」三寶、今在何處？皈依於何處？

若不見性、念佛、誦經、持齋、持戒、亦無益處。

欲修學佛道的人、若所拜之師、是「不見性」的名嘴、他教你念佛、誦經、持齋、持戒……一切一切、都是外道、對你想要修證成佛出離三界生死的事、毫無益處。

念佛得因果、誦經得聰明、持戒得生天、布施得福報、覓佛終不得也。若自己不明、須參善知識、了卻生死根本。

- 口稱「南無阿彌陀佛」六字洪名、種植「自性」之因、他日方能修持「見性」之果、故曰：唸佛得因果。
- 稱頌「儒、道、釋、耶、回」五正教經典、能漸離惡向善、而得善報、故曰：誦經得聰明。
- 持戒得以離諸惡法、不造惡業、身無惡事、終生天上、故曰：持戒得生天。
- 布施財糧衣服醫藥、甚至身體、利益眾生、來生相遇必然回報於你、故曰：布施得福報。

● 然唸佛、誦經、持戒、布施、僅是種善根因緣、於真如本心之道、實無涉入、想要得成佛道出離三界生死、猶有天淵之別、故曰：覓佛終不得也。

● 若自己不明了、什麼是「真如本心」、「自性」、「見性」、「明心」、「佛」、等等之真實相真實義、及與其中無量奧秘微妙深義者、必當恭敬頂禮供養已有見性修證了義的真善知識、恭敬咨請法要、務令確實了知、如法修行、永斷三界生死六道輪迴之大患、才是「修學」根本之道。

若不見性、卽不名「善知識」。若不知此、縱說得十二部經、亦不免生死輪迴、三界受苦、無出期時。

如果、所參訪的「師」、不知「見性」是何事者、這個「師」即使弟子如恆河沙、寺院如梵王宮、亦僅是「迷人名嘴」虛有其表、非是「真善知識」。若不知「見性」是何事的「師」、即使他能將大乘十二部經、說得舌燦蓮花、下筆如雨、其「師」自己亦不免生死輪迴三界受苦無有出期。

那麼、你依止於他修行、想要免生死輪迴三界受苦、想要成佛、還有指望麼？

● 十二部經：謂華嚴、阿含、維摩、楞伽、楞嚴、淨名、寶積、般若、涅槃、彌陀、法華、大般涅槃、等十二部大乘經典。

昔有善星比丘、誦得十二部經、猶自不免輪迴、緣為不見性、善星既如此、今時人講得三五本經論、以為佛法、愚人也。若不識得自心、誦得閑文書、都無用處。

釋迦世尊、住世教化之時、有一弟子、名叫「善星」。此弟子很聰明、能背誦十二部大乘經典、一字不漏、功比阿難無有差別。善星比丘、不依如來法教、一意多聞、欲奪釋迦世尊的權位、終因「不見性」墮無間獄。善星既是如此下場、而當今的迷人、能演講三五本的經論、就自以為是聖人、認為自己所說的道理、就是如來無上正覺的法藏、這種自謂聖人的人、實是三界中、最愚癡的愚人、不是善知識。講經說法、若不懂得「自性真如本心」是怎麼回事、就是所謂「不見性」、即使能將大乘十二部經、倒背如流、甚至演說得舌燦蓮花、他的一切言行、全是背離「自性真如本心」的邪見魔說、跟隨他修行、要免生死輪迴三界受苦、還能指望嗎？

若要見佛、直須見性、性即是佛。佛即是自在人、無事無作人。

● 若是有人、要修學佛道、最重要的莫過於參訪已有修證見性的了義法師、見性了義法師即是「常住佛」。

● 吾菩提達摩為了讓世人更深入了解「常住佛」的相貌、繼續說：「常住佛」即是自在人、無事無作人。這句話究竟是說什麼呢？吾菩提達摩今告訴大家、見性了義法師（常住佛、法、僧）即是長得相貌與一般正常人一樣、但他常住真如法性之中、自在無願無求、無作無為。因為他是無作無為、所以看不出他與一般人有什麼不同、語言率直、不圓滑、看不出他有慈悲修行的樣子。見性名為解脫、是故「見性」而

「恆見」者、即自在人。

若不見性、終日茫茫、向外馳求、覓佛元來、不得。雖無一物可得、若求會、亦須參善知識、切須苦求、令心會解。

若不修「見性明心」、終日茫茫無所入手、或者日日向外四處奔走尋訪求道、或日日四處去幫人送終助唸、或日日布施、或日日稱唸佛號、或日日幫人建廟做義工、或誦經持齋戒、或打坐參禪、或剃度出家、或辦法會、起駕扶乩、持咒、辦公益救濟……自謂必能昇天作佛、此是大妄想、決無可能昇天或作佛。

● 修學「見性」之道、雖無一物可得。若有人發菩提心、必求了達者、參訪真善知識是很重要的、當你真正遇到「修證見性的善知識」時、切須恭敬供養、苦求開示、令自心會解、契入真道、以期日後、證大解脫。

● 因為「修證見性」的善知識、心性質直、出言率直、出言或者不圓滑、聞之刺耳、必須恭敬苦求之、奉事之、方能得其「見性」深義。切莫因他不顯神通力給你看、或者損你幾句、就起疑慢之心。求道的人、如果不能謙虛恭敬受教、如何能得「聖人深義」？了義法師若出言損你、必是你有錯而自己不知、如果你無法接受教化、生起疑惑、懷疑法師不慈悲、沒有「神通力」就是沒有「道」、竟而生起怨離之心、從此不尊重法師、不修行法師所授聖道、另找他人為師、你的行為必為你自己帶來終生遺憾。講難聽一些、就是說：這種人「成佛無望、三界六道是其行處」。為什麼呢？這種人遇到真善知識、卻懷疑他不慈悲不像善知識。世人皆認為善知識講話一定很好聽、很會恭維眾生、一定要有神通力。世人哪知修證見性的了義法師、言行皆很率直、不偽不虛、不恭維眾生、他不是魔術師、幹嘛要現神通？你有錯而不自知、他教化你、是你最大的造化、怎可生疑慢、起怨離心！你可知佛於經中說：見性即是佛。見性了義法師就是佛、在同一地球上、同一時間內、會有另一個佛嗎？當然有、另一個佛就是毘盧遮那如來世尊、但是祂決不會讓你遇上、即使祂憐愍你、也只會點化你、教你必須重回了義法師身邊。為什麼呢？自己悟吧！否則吾菩提達摩為什麼在血脈論中說：「見性、雖無一物可得、若求會、亦須參善知識、切須苦求、令心會解」。

● 吾菩提達摩今所講這篇文章、名為「血脈論」、你知為何名為「血脈論」嗎？佛祖的血脈、就是傳承佛祖正法眼藏（見性明心直了成佛的法藏）的了義法師、前佛後佛以心傳心的了義法師即是佛的血脈。了義法師就是所謂的「常住佛、法、僧、三寶尊」。達摩指引你去尋找這個了義法師。同時告訴你、了義法師是怎麼修證的、是怎樣的一個人、要如何去向他請法。就是這樣、這篇文章才名為「血脈論」啊！

生死事大、不得空過、自誑無益。縱有珍寶如山、眷屬如恒河沙、開眼卽見、合眼還見麼？故知「有為之法」如夢幻等、若不急尋師、空過一生。然卽、佛性自有、若不因師、終不明了。

三界中最苦的就是生死此事、既得人身修行、不可盲修瞎煉空過一生、自己騙自己終無好處。即使有珍寶如山、親友部屬如恒河沙、開眼立即可見；但若闔上眼睛不知人事之時、還能見還能擁有嗎？據此即知一切有物質形像的東西、如夢如幻如泡影、若不急尋了義明師、即使做盡天下所有善事、亦是空過一生、不免六道輪迴生死之大苦。雖然、個個眾生皆具有佛性、若不因了義明師授教、終其一生亦不能明了佛性究竟是什麼？如何才能令潛藏已久的佛性確實顯露？佛性確實顯露、即是「見性」、見性之後、時時「不即不離」、年久功深、自然智慧漸生、自然而然而「明心」。明心者、證無生法忍之謂也。明心即是直了成佛必具的條件。以此甚深聖意、凡人不能自知。所以、吾於此說：「然即佛性自有、若不因師、終不明了」。

● 為何吾於此一再指示、必須尋訪明師、因為三界之中、無量群真與龍眾八部、各顯神通於各宮壇道院扶鸞教化、只是引進初基、修行善業、一切皆是「有為之法」、非是究竟了義之道。惟有如來血脈了義法師始能授教「見性明心直了成佛」無上覺道、教化一切人眾、龍眾八部、三界諸天、依如來第一義諦、入如來真如本心大智慧海、見性明心、直了成佛。決無第二法門可修證涅槃實相、達竟「究竟涅槃」不入輪迴。此如來甚深不可思議深義、豈是扶鸞所能開示、即使世尊親自降駕扶鸞啟教、亦決不擾亂血脈傳承、對於從前在大乘諸經所授記咐囑阿難入末法世、授第一義之事、決不虛言、決不食言。是故、世尊令三界高真龍眾八部、入各宮壇道院大顯神通、教化眾生修十善業、待了義法師出現、領眾護持法師、若違佛旨、令金剛密跡、豁落靈官、殁擊滅形、打入無間、永無出期。是故、一切仙真、遵世尊命、不敢妄洩天機。

不因師悟者、萬中希有。若自己以緣會合、得聖人意、卽不用參善知識、此卽是生而知之、勝學也。

● 一般來說、沒有明師授性、而能開悟的人、億萬人之中沒有一個。

● 若是自己起大信力、發弘誓願、而與如來真如本心相應、而得到如來正偏知、這就不用再參善知識、這就是乘願再來的人、如來正偏知亦是與生俱來、此人僅在末法中出現一人、此人即是山海慧自在通王如來。

若未悟解、須勤苦參學、因教方得悟。

如果尚未開悟、不知「見性明心」的實相實義、就必須勤參善知識、殷勤供養奉事、苦求善知識、必得善知識教導、才能開悟。

若未悟了、不學亦得、不同迷人。

若有人尚未悟道、亦不參於善知識、以弘誓願力而得如來正偏知者、當知此人、不同於世俗凡夫、當知此人即是勝學。勝學者、聖人也。故曰：「不同迷人」、謂「大菩薩乘願再入世」為人。

不能分別皂白、妄言宣佛敕、謗佛、忌法、如斯等類、說法如雨、盡是魔說、即非佛說、師是魔王、弟子是魔民、迷人任它指揮、不覺墮生死海。

● 世有邪妄之人、不能了知「見性明心」之道、妄言自己已證無上道。又有邪人常假冒仙佛之名扶鸞起乩、宣敕仙佛旨意、指揮無知信眾。信眾不知鸞手、假冒仙佛指揮眾生。如前所說等類、口若懸河、下筆如雨、盡是魔說、決不是真正仙佛所說。其或妄自謂證果、妄自言宣佛敕、等等之人、即是住世魔王。其弟子眾、即是魔民。世間迷信神敕的人、任它指揮、看起來是在辦事度眾生、於不知不覺中、全部墮入生死大海、如何得出？遵神敕天命辦道度眾、功德當然有、但若僅執迷度眾、而不能自覺自度、自己慧命都保不住了、功德在哪裡？真仙真佛大慈大悲、處處開鸞教化、必教眾生廣行方便、護持正法、求出三界六道、求出生死、不求來世人天福報。但世人愚迷、若不以來世人天福報為教化之餌、則人皆不肯來宮壇學習修十善之業、仙佛亦是萬般無奈、雖然鸞教甚久、眾生還是迷執不悟、致使仙佛於鸞教之中、皆不敢直說「必求出離三界生死、不可求來世人天福報」等語、亦不敢直說「末法之世、天命正道傳在山海慧自在通王如來」等語。惟恐眾生聞語、一哄而散、不再受教也。

● 為諸眾生、在這段語言中、辨證兩件事、就是說：不論是人、或是仙佛、只要有進行顯化、若會譭謗佛所教授的「無上覺道」、或是會排擠「修證見性的了義法師」、只要有其中一項、即是魔王住世說法、決不是真仙 真佛在顯化。因為真仙 真佛必有正徧知、必知了義法師代世尊住世教化、必定會極力護法、焉有譭謗排斥之理。吾菩提達摩語重心長、就是怕眾生成為魔奴、被魔迷惑引入魔界啊！

● 「謗佛」謂譭謗如來見性明心無上覺道。
「忌法」謂排擠攻訐已有修證見性了義法師。

但是不見性人、妄稱是佛、此等眾生、是大罪人、誑他一切眾生、令入魔界。

只要是「不見性」的人、妄稱自己是佛、假冒仙佛扶鸞起乩而宣敕邪見、這種眾生、是大罪人、以似是而非的邪見魔說誑惑眾生、利誘威逼、令一切善男信女、盡入魔界。

若不見性、說得十二部經教、盡是魔說、魔家眷屬、不是佛家弟子。既不辨皂白、憑何免生死。

● 不論是人、或自謂是仙佛來扶鸞起乩辦事、只要是「不知見性之道」、即使能演說大乘十二部經教化眾生、全部盡是「魔言、魔語、魔說、魔見」。其說法之人、雖著作許多書、宣法教化、他的寺廟宮壇遍布天下、全部盡是魔王眷屬魔宮魔院、不是真仙真佛道場、其人不是佛的弟子。亦不是任何仙佛的弟子、盡是邪見魔附身的邪人、所辦一切事、所說一切法、盡是其人自己妄想、成就無邊罪業！

●一切善男信女、若不知此真理、就不能辨別法師真假、不能辨別仙佛之真偽。既不知辨別黑白、憑什麼免於生死輪迴六道受苦！吾菩提達摩大悲大願故說此語、願諸眾生早得開悟。

見性即是佛、不見性即是眾生。

要辨別他是不是了義法師、辨別祂是不是仙佛、很簡單。人若能知「見性明心無上覺道」的無量深妙、就是已有修證見性的了義法師。扶鸞啟教亦同此理、若能開鸞演說「勸一切信眾、求參真善知識、學習見性明心無上覺道」、且不謗佛、不排擠攻訐了義法師、能助了義法師教化眾生者、是真仙真佛顯化。若不然者、即是魔王魔子魔孫、假借仙佛名義、誑惑眾生入魔知見、成為魔民、為魔奴隸。要知除了真仙真佛真菩薩及了義法師之外、一切三界六道、皆名為「眾生」。魔居於欲界第六天（他化自在天）亦是眾生。所以達摩佛祖說：「不見性即是眾生」。

● 魔居於欲界之最上層天、我慢憤高之性及婬性不除、故不能出欲界。因魔具有五種通力、因魔居於欲界之最上層天、所以就常自稱是「無極○○仙佛」誑惑一切善男信女。天魔有「眼、耳、他心、宿命、神足」五種神通、故能知人之隱私、能遠見遙聞、能知人心事、能知人宿命、更有神足、能入人體內、駕馭其人令有許多神力。但天魔婬性未除、所以常見辦事顯化神通的人、後來都會假神仙之名、敕說要女信徒和神明作婬事、才能解運消災、這就是印證、有神通力的人、有大部分是被天魔附身、不是自性所有的潛能。

若離眾生性、別有佛性可得者、佛今在何處？卽眾生性、卽是佛性也。性外無佛、佛卽是性。

佛性究竟是何？佛性即是法性、法性又名法界性、法界性即是自性、自性即是真如本心、真如本心即是真如本覺、真如本覺即是眾生性、因此吾於經中說：「若離眾生性、別有佛性可得者、佛今在何處？即眾生性、即是佛性、性外無佛、佛即是性」。

● 那麼「眾生性」究竟是什麼呢？眾生性者、謂「色、受、想、行、識」與「色、聲、香、味、觸、法」也。故曰：「即眾生性、即是佛性也」。

● 若人能於一真法界實相、即眾生性、佛性即時顯露具足、不增不減。能具足實相、久視不散、是名「見性」。是故、吾於經中說：「除了見性了義那個法師之外、世界上找不到佛的相貌蹤跡。要覓佛的相貌、佛的蹤跡、即是已有修證見性的了義法師是也」。又曰：「從凡入聖、不改其面」、了義法師亦復如是。若有人說：「○○人也只不過是平民凡夫、哪裡會是什麼了義法師」、作此言者名「一闡提」。

除此性外、無佛可得、佛外無性可得。

除了「眾生性」之外、沒有「佛性」可得。除了「佛性」之外、沒有「眾生性」可得。

問曰：若不見性、念佛誦經、布施持戒精進、廣興福利、得成佛否？

答曰：不得。

人問吾菩提達摩：「若不見性、每日精勤唸佛誦經、布施持戒、朝山拜懺、獻供受皈依、又廣造一切善事、講經說教、辦道度眾、命終助念、做義工、捐血、捐器官救人、如是精進加功進道、可成佛否」？

吾回答曰：「不能成佛」。

又問：因何不得？答曰：有少法可得、是「有為法」、是因果、是受報、是輪迴法、不免生死、何時得成佛道？

又問說：「為什麼決不會成佛」？

吾菩提達摩答說：「除了即心見性之外無佛道」、其所作都是「有為」之事、即是所謂「有為法」。有為法就是因果之法、亦即是受業報之法、有為之法就是輪迴之法。既然是因果受報輪迴之法、就不免六道受身、生死輪迴不已、要等到什麼時候才能免生死成佛道呢？所以說：

「決不會成佛」、今生死後、來生受福報而已。

成佛須是見性、若不見性、因果等語、是外道法。若是佛、不習外道法。佛是無業人、無因果。但有少法可得、盡是謗佛、憑何得成？

● 若有立志要成佛、一定要修證「見性明心」的正法眼藏、才能成佛。若不修證「見性」之道、一切「行善、布施、唸佛誦經、持咒、參禪、辦道、扶乩、建廟、鋪橋、捐血、捐器官、服務他人……等等」、一切皆是「因果有為」之法、這些都是「外道」的行為、亦即是來生再來得福報的生死法。若是立志要成佛的人、絕不可僅作那些外道的行為、而不修「見性」之道、決不可如此。無「道」可學之時、行「人天善」、非是不可也；真道出現之時、若執「人天善」、不修「解脫生死」正道者、即是「迷人」矣！若執宗教派別之見、亦「迷人」也！

● 佛、是不造善惡業的人、所以不落入因果業報輪迴、既然立志成佛、就要深修實證「見性明心」之道、豈可再造那些有為法、成就善惡業、自毀前程！既要修行「見性明心」無上覺道、時時刻刻都必須住於「見性」的無量妙義中、哪有閑功夫專做那些外道有為之事？若立志要成佛道的人、捨不下「名、利、財、食、睡、色、聲、香、味、觸」種種有為法、雖僅心中有一些些悕惜不捨、即是「與佛正法背逆而行」的謗佛人、憑什麼成就「無上正等正覺」的佛道呢？

但有住著「一心、一能、一解、一見」佛都不許。佛無持犯、心性本空、亦非垢淨、諸法無修無證、無因無果。

● 修行佛道的人、若有執著於「一心不亂、一能清淨、一解脫行、一見明心」是即深著「我、人、眾生、壽者」諸相、是即「大執大著大迷大惑」、寄望成佛、都成泡影。何以故？執著於「一心不亂」已是大執著、大迷惑。執著於「清淨」已是大執著、大迷惑。執著於「解脫」已是大執著、大迷惑。執著於「明心」已是大執著、大迷惑。「神職、功德、名、利」亦然、但有絲毫執著、即入「我、人、眾生、壽者」諸相大惑中。

●佛、是「無上正智正等正覺」才稱為「佛」。因此、佛不執著於「一心、一能、一解、一見」、不犯「一心、一能、一解、一見」的見惑。真如本心法性本來空寂、不垢不淨、不增不減、圓明具足、無礙無著。故曰：「心性本空、亦非垢淨、諸法無修無證、無因無果」。據此當知、修行佛道的人、於一切有為因果之法、不可絲毫存在心念之中、否則寄望成佛、必如夢幻泡影。只要有絲毫執著於「名、利、財、食、睡、色、聲、香、味、觸、神職、善功、不亂、清淨、解脫、明心」者、即中「貪、瞋、癡」三毒大火、即陷「我、人、眾生、壽者」四相深坑、即漏落「三界六道」生死大海、無有出期。寄望成佛、終成泡影！

佛不持戒、佛不修善、佛不造惡、佛不精進、佛不懈怠、佛是無作人。但有住著心、見佛卽不許也。

●佛、已於無量阿僧祇劫久遠實成、證無生忍、恒住真如法性、何須持戒。故曰：佛不持戒。

● 佛、恒住真如法性、慈雲普被無量法界、利益無量眾生、何須修善。故曰：佛不修善。

● 佛、已於無量阿僧祇劫久遠實成、證無生忍、業惑淨盡、更無所斷、恒住真如法性、慈雲普被無量法界、利益無量眾生、何有造惡？故曰：佛不造惡。

● 佛、因「見性」而證、以「明心」而成、無量阿僧祇劫已來、恒住真如法性之中、豈是與「不見性」的迷人一般無知、幹那些「打坐參禪、稱名、唸咒、扶乩、作懺、法會、誦經、天命神職、因果功德……」等、有為外道之法、而自謂「精進」乎？故曰：佛不精進。

● 佛、已於無量阿僧祇劫久遠實成、以無生忍慧、運施善巧、實踐六度、具足無量萬行、慈雲普被、利益無量眾生、永恒安住「自覺、覺他」、「覺行無盡」、不移不易、不動不變、行此「無量大智大覺大願大行」焉有懈怠？故曰：佛不懈怠。

● 修行者、只要有絲毫執著於「名、利、財、食、睡、色、聲、香、味、觸、神職、神通、善功、不亂、清淨、解脫、明心」者、即違犯了「佛」之「無我、無相、無願、無求、無作、無著、無有、無起、無生、無滅、無垢、無淨、無增、無減、無量、無邊、無礙、無為」之聖意、亦即違「諸法無修無證」之深義。故曰：「佛是無作人、但有住著心、見佛即不許也。」

偈曰：

達摩西來一字無、全憑心性用功夫、
不明達摩西來意、難悟個中一字無。

佛不是佛、莫作佛解。若不見此義、一切時中、一切處處、皆是不了本心。

● 血脈論中、所說的「見性即是佛」這一個「佛」字、係指「自己本有佛性可見」、是闡明「見到如來法界性」即是「見到自己本有的佛性」。一切眾生、一切能動能走的軀體、皆於其身中自有佛性。然而、有佛性並不能代表如來佛。如來佛才是真佛、祂是「無量阿僧祇劫久遠實成的世尊無量壽佛」。修行者、不可狂慢的自謂「我有佛性、我就是佛」、作是說者、是大罪人、何以故？如果自認是「佛」、那你可曾「見性」？可有「證無生法忍」？可有「證大解脫」？可有「自覺」？可有「覺他」？可有「覺行圓滿」？如果你都答「有」、那麼我再問你、你可知「覺行圓滿」就是「妙覺」、「妙覺」就是「真佛」。你可知「真佛」入世不受人身、你今尚是「五陰十二入」所攝生的人身、你身心充滿煩惱迷惑、自說是「佛」即是「大妄語」、是大罪人。若再強辯、業報將令你百口莫辯。

●或曰：「心佛眾生、等無差別」這話是「如來」說的、如來不妄語、所以我一定是佛。吾山海慧在此告訴你、如來確實不妄語、可惜你會錯「義」了。如來是說「眾生若已見性明心、證無生法忍、十地滿足、證得慧命法身果體、具足佛正徧知、自覺成就、平等覺他、雖未證佛果、而實等佛位、名為等覺。」這才是「心佛眾生、等無差別」的真實義、不是像你想的那麼回事。達摩佛祖就是深知眾生會誤解如來佛語、所以在血脈論中說：「佛不是佛、莫作佛解」。又說：「若不能見性、即不能了義、那麼你一切時中、一切處處、所有的行道行善、都是不能了悟真如本心的外道、都是三界六道生死輪迴的因果業報之法」。

若不見性、一切時中、擬作「無作」想、是大罪人、是癡人、落「無記空」中、昏昏如醉、不辨好惡。

如果有人自稱是仙佛門中弟子、卻不修行「見性」之道、自謂已乘佛本願、將如來所謂的「空性」曲解為「只要心如止水的清淨不亂」「不思不想、一味放空」、就是佛所謂的「五蘊皆空」「空性」、這種人就是「大愚癡」的人。若他以此邪見教人修行、就是「大罪人」、為什麼？因為他已犯了大惑、即斷滅佛性的頑空。其人必終日昏昏如醉、不能辨別「

真空」與「頑空」、不能辨別「能顯露佛性」與「斷滅佛性」之「真」與「妄」、他用此邪見教人修行、斷滅眾生佛性、令其弟子眾、盡入邪見生死、豈非大罪人乎！「無記空」謂斷佛種性的頑空。

若擬修「無作」法、先須「見性」、然後「息緣慮」。若不見性、得成「佛道」、無有是處。

如果有人、發菩提心、要修行「如來無作無為大乘佛道」、先須參訪、已有修證見性的了義法師、學習「見性」佛道的無量實相實義、依師教導入於「見性」無量義三昧、止息一切攀緣妄想、日久「佛性」必然顯現具足、妄念自然不生、正念自然不滅。「佛性空寂」、是故不垢不淨。「圓明具足、無礙無著」、是故不增不減。以「無攀緣」、是故無色、無受想行識、無眼耳鼻舌身意、無色聲香味觸法。以「無妄想」、是故無眼界乃至無意識界。無無明、亦無無明盡、乃至無老死、亦無老死盡、無苦集滅道、無智亦無得。證「無所得」、即是名為「無作」法。

● 若有人說、八萬四千法、法法皆可成佛、何用參訪明師？修什麼「見性」佛道？作是說者、即是「惡道中來的人」亦是「驕慢者、增上慢者」、亦是「懈怠者」、亦是「邪見者」、這種人若能成佛證道、天下今時豈還有輪迴六道生死的眾生？達摩還來講經傳法度何人？真是「豈有此理」？邪見就是邪見、不可理喻！

有人撥無因果、熾然作惡業、妄言「本空」、作惡無過。如此之人、墮無間黑暗地獄、永無出期。若是智人、不應作如是見解。

更有邪人、散播「無因果論」、於一切處一切時中、燒殺婬掠、逞己之能、造作無邊罪業、竟而妄言：「佛性本來空寂、就是所謂無因無果、因此燒殺婬掠、虛誣作偽、陷害善良、強取豪奪、皆是空寂、既是空寂則皆無罪過、亦無因果」。作此說者、必墮無間黑暗地獄、永無出期。若是有智慧的人、不應作這種「邪人邪見」的見解。

問曰：既若施為運動、一切時中、皆是本心。色身無常之時、云何不見本心？

問：既然一切施為運動、一切時中、皆是自性本心。為什麼、色身死亡的時候、怎麼沒看見真如本心出來呢？

答曰：本心常現前、汝自不見。

答：自性真如本心、二六時中、分分秒秒、無不顯現圓明、是因你無師授、不知如何才能「觀見」、所以你才看不見「它」。

問曰：「心」既見在、何故不見。

問：真如本心既然恒現圓明、為何任何人都說「沒看見」呢？

師曰：汝曾作夢否？答曰：曾作夢。

菩提達摩問說：汝曾經有作夢的經驗嗎？答曰：曾作夢。

師問曰：汝作夢之時、是汝本身否？答：是本身。

菩提達摩問：汝作夢的時候、在夢境中是不是你自己？弟子答：夢境中的人、是我自己沒錯。

師又問：汝言語施為運動、與汝別不別？答曰：不別。

菩提達摩又問：你在「講話、或想任何事情、以及做任何事務」的時候、與原本靜止不講話、不想任何事、不做任何事的「你」、有差別嗎？弟子回答：一樣是我自己、沒有差別。

師曰：既若不別、既此身是「汝本法身」、既「此法身」是「汝本心」。此「心」從無始曠大劫來、與如今不別、未曾有生死、不生不滅、不增不減、不垢不淨、不好不惡、不來不去、亦無是非、亦無男女相。

● 菩提達摩曰：既然知在「夢境」中、及「言語施為運動」、與「止息緣慮」中、皆是「自己」、據此即知你現在的肉身中、即有你自己的「本性法身」。而所謂法身就是你的「真如本心」。

● 真如本心就是「能知、能覺、能了達、萬能全能、無形相、無礙、無著」的「覺性」。

● 真如本心、從無始無量阿僧祇劫至於今時的「你」、完全相符相合、無二無別。所謂「真如本心」與所謂「覺性」、從無始無量阿僧祇劫至今、及今後無數無量阿僧祇劫、皆未曾有生死、不再生第二代的覺性、也不毀滅現今本有的覺性、所以不生不滅、所以不增不減。覺性無形無相貌、所以不垢不淨。覺性平等、所以無好無惡。覺性恒古恒今、亦恒未來際、無所從來、亦無所去、所以不來不去。覺性無形無相貌、無所造作、所以無是無非、無男女色身相貌的區分。

亦無僧俗老少、無聖無凡、亦無佛、亦無眾生、亦無修證、亦無因果、亦無筋力、亦無相貌、猶如虛空、取不得、捨不得、山河石壁不能為礙、出沒往來自在神通、透五蘊山、渡生死河、一切「業」拘此「法身

不得」。

「覺性」即是「真如本心」、此「心」不生不滅、不增不減、不垢不淨、不去不來、所以就沒有僧俗老少的相貌、沒有聖人與凡夫的分別、沒有佛與眾生的分別、不會因為修行證悟才有覺性。也不是種什麼「因」才會於眾生身中有「覺性」的存在。因為沒有形狀相貌軀體、所以沒有筋力。因為沒有軀體、所以「覺性本心」沒有相貌、猶如虛空、想要捉取不可捉取、要捨避也捨避不了。它能穿越五行三界、所以山河石壁及任何物質與非物質不能為礙。它出沒往來自在、恣意化形、無所不能。它能了達「如來五蘊實相」、它能證道成佛、出離三界六道生死。一切「身、口、意」業、不能拘束「你的法身」。

此「心」微妙難見、此「心」不同「色心」、此「心」是人皆欲得見。於此光明中、運手動足者如恒河沙、及乎問著、總道不得、猶如木人相似。總是自己受用、因何不識佛言？

吾今所謂「真如本心」、乃是「法性身」、又名「清淨法身」、其義其理微妙甚深、若不修「見性」佛道、雖歷百千無量阿僧祇劫亦難得見。所謂「真如本心」、並不是肉身的心臟、亦不是一般的思想意識。這所謂的「真如本心」、只要是人、人人都想得到見到。但是、一切眾生、於日月星光之下、運手動足者、如印度恒河沙無量無數、可是只要問到「見性」與「本心」是怎麼回事之時、就是沒有一個眾生能正確的把它說清楚。即使被大眾視為善知識的說法教學、也跟木頭人同等「無知」。釋迦世尊在大乘經典中、作種種言語比喻「見性佛道」的修行規範與方法、都在說明「見性佛道」的自家受用。為什麼佛法授傳至今、竟沒有一個人能了知釋迦世尊在大乘經典中所說的話、沒有人知必須「見性」才能「明心」、爾後才能「成佛」不生不滅？為什麼佛教中的「出家、在家」都和其他宗教的信眾一樣、竟日茫茫向外馳求於「有為」的外道之法？

一切眾生、盡是迷人、因此作業、墮生死河、欲出還沒、只為不見性。眾生若不迷、因何問著其中事、無有一人得會者？自家運動手足、因何不識？

● 現今世界一切眾生、包括被人認為是「善知識」的說法教學、以及在各宗教中的「神職」人員、盡是「迷人」、因此不知「見性」覺道、造作一切「有為」諸善、自謂必然昇天、結果盡墮三界六道生死大河、隨波逐流、溺生死煩惱海、無有出期。

● 當今世界眾生若非全是迷人、為什麼問到「見性明心直了成佛」中的微妙深義、竟沒有人能得知？包括一切「神職」人員、扶鸞起乩都不知「見性」其中微妙的深義、甚至「謗佛、忌法」？自己本身運動手足的「覺性本心」為什麼不認識呢？既然不認識「自己的覺性本心」、不是迷人、難道是聖人嗎？

● 一切眾生之所以如此漂溺生死煩惱海、全是因為不知「見性」深義、不肯修行「見性覺道」所致也。

故知聖人語不錯、迷人自不會曉。故知此難明、惟佛一人能會此法、餘「人、天、及眾生」等、盡不明了。

● 據此即知、釋迦如來所說經語、正確不錯、三界六道眾生、皆是迷人、於自性真如本心、不會不曉。

● 據此即知「見性明心」無量深義、深奧難明、三界人天、天魔鬼神眾生、皆不能知其中深義、惟「大覺如來佛世尊」能知此無上甚深微妙法、餘諸人天、鬼、神、天魔、眾生、盡不明了。

若智慧明了、此「心」號名「法性」。亦名「解脫」、生死不拘、一切法拘它不得、是名「大自在王如來」。亦名「聖體」。亦名「長生不死」。亦名「大仙」。名雖不同、體卽是一。

若有眾生、能會如來微妙深意、忘我無相、無為而為諦觀「法藏比丘四十八願」所成華藏極樂世界中無量無邊光明微妙相、若能如執明鏡自見面相清晰明了、如明眼人於日光下見種種物色、十方洞開、諦觀明了者、即是名為「智慧明了」、又名「見性」、見「真如本心」。真如本心、即是所謂的「法性」。法性即是「法界性」。「法性」又名為「解脫」、修行於「如來法性」則「法身」不生不滅、分段生死與變易生死不能拘此「法性身」、三界一切因果善惡業報、拘「法性身」不得。因此、大覺如來佛世尊敕令阿難尊者以凡夫身、入末法世、代佛宣說「如來第一義諦、阿耨多羅三藐三菩提正法眼藏」、普傳「見性明心直了成佛」的「無上覺道」、教化一切已具足大乘因緣正心深信諸大菩薩、棄八萬四千權宜小法、進入大乘無上覺道之修持、即是所謂「絕相超宗」、由「諦觀如來法界性」之「見性」、努力增進、自然而然能止息緣慮、淨除妄惑無明、達至證得「無生法忍」的「明心」、頓超金剛十地、等覺圓明、圓滿菩提直了成佛。以有此大信力、大願力、無量精進梵行力、大慈如雲普覆、慈被無外、其功德無量無邊、窮盡無量無數阿僧祇劫不可具說其功德故、大覺如來佛世尊授記阿難入末法世、法號山海慧。功德圓滿時、號「山海慧自在通王如來、應供、正徧知、明行足、善逝、世間解無上士、調御丈夫、天人師、佛、世尊」。血脈論中所謂「大自在王如來」即是「自在通王如來」。因此、血脈論中所謂「前佛後佛以心傳心」、又說「故知此難明、惟佛一人、能會此法」。佛就是大覺如來佛世尊、因此、佛不是人、而「惟佛一人」其句中的「一人」、係指在末法世教化眾生成就佛道的山海慧自在通王如來。

●一切眾生、若能深信佛語、諦觀如來法界性、由「見性」精進證無生法忍的「明心」、於一生一世此身、成就不生不滅、證無上大解脫（成妙覺佛果）、皆名為「大自在王如來」、其所證成不生不滅的「慧命法身」即是名為「聖體法身」、又名「法身果體」。以「聖體法身」是不生不滅永恒堅固、故又名為「長生不死」、又名「永生」。證得「如來慧命法身果體」不生不滅永恒堅固不變不易者、即是名為「大覺紫金仙」。其名稱雖然不同、但其所證「如來慧命法身果體」則是同一同等、並無差別。基督所謂「聖體」、即是釋迦所謂「法身」。

聖人種種分別、皆不離自心。心量廣大、應用無窮、應眼見色、應耳聞聲、應鼻嗅香、應舌知味、乃至施為運動、皆是自心。一切時中、但有語言道斷、即是自心。故云：如來色無盡、智慧亦復然。

聖人者、釋迦牟尼世尊也、住世說法四十九年、演說大乘十二部經、於諸經中、作種種譬喻、分別解說、其大乘經典、皆不離「法藏比丘四十八願」其中的「見性明心無上覺道」。真如本心豎窮三際時、橫遍十方處、不在色、不在質、不在遠、不在近、不在前、不在後、不在左、不在右、不在上、不在下、不在內、不在外、不在明（顯）、不在暗（藏）、不在虛、不在實、不在晝、不在夜、無所住在、無處不在、應用無窮、智應佛眼而見華藏世界無量光明妙景色。智應佛耳而聞瀑聲、浪聲、鳥聲、樹聲、寶網聲、華幢樂聲、風聲、天人宮商聲、諸佛音聲、諸菩薩天人心聲。智應佛鼻而聞華藏世界中、七寶蓮花香、七寶樹花葉香、七寶果香、陣陣清風無量馨香。智應佛舌而嚐七寶果甘醇香味、八功德水清涼甘味、代佛宣演第一義諦、辯才無礙。智應佛身而能施為運動、恣意化形、無量妙德、無相不相、無所住在而無處不在。智應般若「慧」以「法」緣、皆得如來無上正智音香忍、如來無上正等柔順忍、如來無上正覺無生法忍、一一皆是真如自性本心。一切時中、但有「讀誦宣說、行道、斷惑業惡道」皆即於自性真如本心之實相妙義。是故說云：「如來色無盡、智慧亦復然」。

色無盡、是自心。心識、善能分別一切、乃至施為運用、皆是智慧。心無形相、智慧亦無盡、故云「如來色無盡、智慧亦復然」。

映現極樂世界中無量無數無邊光明妙景色、即是「自性真如本心」。此真如心、善能分別一切「色、聲、香、味、觸、受、想、行、識」是故華藏極樂世界中一切施為運用、皆是「一真法界如來本心智慧」所成就、將自身之真如本心契合一真法界如來本心、即生無量無邊智慧。以自身之真如本心無形相無拘著故、如來智慧從心想生、亦無量無數無邊無盡、故說：「如來色無盡、智慧亦復然」。

● 以「真如心」即於「一真法界中、色、聲、香、味、觸、受、想、行、識」實性大智故、能斷三界「色、聲、香、味、觸、受、想、行、識」九品思惑、究竟即入如來真空之理、開顯潛藏已久的「真如佛性」、久久功深、自然淨除宿習惑業障道之源、證悟無生法忍。是故、觀普賢經云：「一切業障海、皆由妄想生、若欲懺悔者、端坐念實相、眾罪如霜露、慧日能淨除」。又、阿難啟教甘露施食經云：「依於慧日法光聞思修、證最上三寶」。「慧日」者、觀無量壽佛經十六觀之第一觀「日觀」三昧也。「法光」者、觀無量壽佛經中之「十六觀全部」是也。

● 觀無量壽佛經、乃如來教末法眾生修行的法藏、不在佛寺弘揚、教外別傳「見性明心直了成佛、阿耨多羅三藐三菩提正法眼藏」、其經文軼失甚多內容。末法世中、如來必以正偏知（以心傳心）授記補足其中缺文正名為：如來最後垂範、首楞嚴第一義諦、觀無量壽佛四十八願無量義禪經」、是經即是吾菩提達摩入東土所教「見性明心直了成佛」的最上乘心法、若是有幸能得是經、遇了義法師、授與經中：「一真如性、雙三昧、三身、四智、五眼、六波羅蜜、七覺佛、八正道、九節玄功、如來十力」等等、佛一切種智、依止修行、必能於此一身一世之中、證得「三深法忍」、成就「大般涅槃」。

四大色身、卽是煩惱、色身卽有生滅。法身常住「無所住」、如來法身「常」「不變異」故、經云「眾生應知、佛性本自有之」。

● 火水地風四大假合之色身、即是「貪瞋癡」無明煩惱五陰十二入所攝生之身。色身既是「火水地風」四大假之所和合、必定有「生住異滅」的大苦。

●法性之身永恒安住於「如來虛空藏」的「無為界」中、所以「如來法身」就是「永恒堅固」、沒有生老病死的分段生死、也沒有如阿羅漢住於無色界頂天的變異生死、以此緣故、釋迦如來在大乘經典中說：「一切眾生都應知曉、自己所受色身之中、皆具有無始已來即可成就如來法身的佛性」。

迦葉只是悟得本性、本性即是心、心即是性、性即此、同諸佛心、前佛後佛只傳此心、除此心外、無佛可得。

釋迦世尊在靈鷲山說大乘法、三度拈花於眼前而微笑、當時會中弟子皆木然不知、惟摩訶迦葉尊者實知如來深意了了微笑、如來乃將衣缽囑咐迦葉。這件事的個中道理、除了「如來血脈傳承正法眼藏」的法師知曉、餘一切大眾、對於此事如瞎子摸象、自以為是、至今乃是諍論不休。菩提達摩真實語告訴你、末法中確有第一義大法師、若有誑你、我後必墮無間地獄、三途惡道永無出期。我今所說實語、若不信者、毀謗忌法者、則斷世間一切佛種、釋迦世尊已於大乘妙法蓮華經•譬喻品中說其罪報、已甚分明、吾便不再說也。菩提達摩今在此處、普告大眾、摩訶迦葉是悟出「要見本性就必須要如實諦觀實相」。何謂實相？

•菩提達摩今此示汝、「實相」即是「法藏比丘四十八願淨業所成華藏世界中一切無量的極妙不可思議事物」、其又名為「一真法界實相」、又名為「如來法界性」、又名為「如來法性」、又名為「真如本心」、又名為「法性」、又名為「自性」、又名為「佛性」、又名為「虛空藏」、又名為「如來藏」、又名為「如來法身」、又名為「妙明本心」、又名為「解脫」、又名為「真如心」、又名為「本性」、簡稱為「心」、「聖體」。

•據此印證、吾今所說「本性即是心、心即是性」、確實不虛。若有眾生、能深信此語、知佛性即是自身中的如來法性、不向身外求佛法、不向自身的眼耳鼻舌身意求佛法、而能忘我無相、無為、而為正憶念如來一真法界實相、應眼見色、應耳聞聲、應鼻嗅香、應舌知味、應身施為運用。應意緣法、無量具足、無所住在而無處不在。久視不散而無所視、無所著礙、法性空寂、即與諸佛如來妙真如心合一不二。前佛後佛、只傳此「見性明心」的「真如本心」。除了這「真如本心」之外、無佛法可得、無佛道可證、除此心外想要成佛、如夢幻泡影！

顛倒眾生、不知自心是佛、向外馳求、終日忙忙念佛禮佛、佛在何處？不應作如是等見、但知自心、心外更無別佛。經云「凡所有相、皆是虛妄」。

走偏不正的眾生、不知「自性真如本心」就是「如來法身」、一味向「自性真如本心」之外到處奔走求道學佛、終日忙著稱唸六字洪名（南無阿彌陀佛）、今天跑這寺、明天跑這院、後天跑這廟、稱六字洪名、幫人往生助唸、打禪七、打佛七、拜懺、受戒、朝山……嘴裡是唸佛誦經、心裡全無佛諦、胡思亂想、心不在佛、意不憶念佛、只以妄想

「我這麼虔誠唸佛拜佛、佛一定會度我去西方極樂世界」。或者以妄想「我天天作神職事業、功德一定很多很大、我將來一定會被封為神佛、永享天爵」。或者以妄想「我以無量財糧衣物、施捨救濟貧苦、又捐血捐器官救人。又替他人服勞務做義工。我的功德一定很多很多、他日必會昇天得福報」。菩提達摩問你、你這麼虔誠的唸佛拜佛、辦道扶鸞、做盡了善事、有真正看見過「佛」長得怎麼樣嗎？佛在哪裡？你不能再迷糊下去了、再迷糊下去的話、你就準備生生世世在三界六道中生死輪迴吧！你應該趕快追求「見性佛道」、趕快去找如來佛敕生末世的第一義大法師、恭敬謙虛的向他乞請「見性佛道」、努力增進、以期以此世之身、證得正果。無上甚深微妙法、百千萬劫難遭遇、今生不入菩提道、萬劫生死受苦淪！

● 菩提達摩告訴你、一定要確實了解、什麼是「自性真如本心」因為它有無量妙義、凡夫怎能得知？除了自性真如本心之外、更沒有別種佛性與佛法佛道。金剛經中說得很清楚、凡是以物質造作而有形狀相貌的、盡是眾生顛倒妄想所成就、盡是會毀滅消亡的東西、你再迷糊下去、會有什麼結果？拜那些「木泥金石」人手繪塑的偶像、有何用處？

又云「所在之處、即為有佛」、自心是佛、不應將佛禮佛。

釋迦如來又在金剛經・尊重正教分中說：「若、末法世出現那一部最上第一希有的經典（如來四十八願無量義禪經）所在之處、即是我如來的道場、其經文中即有如來法身。那一部經典、就是直指「見性明心直了成佛」最上第一希有的經典。自己身中的「妙明本心」就是「如來法身」。是故、不應迷糊顛倒、用自己妙明本心如來法身去拜那些木刻石雕泥塑……種種偽佛。

●製造佛像是為了讓眾生知此處有佛道、並不是教你去拜那些偽佛、現在你明白了嗎？如果有大寺廟、美奐莊嚴、佛像也很多、很大很莊嚴、但是沒有人能修行見性佛道、也沒有人能演說見性妙諦、那個廟再大也沒有佛啊！都是一些「泥木金石」所造的偽佛、你用自身中的「妙明真心、如來法身」去拜那些偽佛、不是「顛倒迷惑的人」是什麼呢？

● 三界中有很多「替天行道、代天行化」的鸞乩宮壇道院、若能護持自己道院的道務、同時參訪「見性了義法師」修行「見性明心直了成佛」的無上覺道者、這種宮壇道院才是真實佛旨敕封在三界中替天行道代天行化的仙佛降臨教化、其功德無量無邊、其仙佛皆可晉升為「大覺金仙」、其有如是修持的鸞生、皆能仙班排列、證果成道。

● 三界中一切仙佛、皆領世尊佛旨、先入三界各宮壇寺院大顯神通、等待末世時中、領佛旨入世演說第一義無上覺道的了義大法師入世、這些仙佛見因緣時至、即領一切信眾鸞生、皈依了義大法師、這些仙佛及諸信眾皆得無量波羅蜜。

但是有佛及菩薩相貌、忽爾現前、切不用禮敬。我心空寂、本無如是

相貌、若取相、卽是魔、盡落邪道。若是幻、從心起、卽不用禮。禮者不知、知者不禮、禮被魔攝、恐學人不知、故作是辨。

還有一件事、你們必須知曉、不論你是初入道門、或是你已有進修大乘「見性」佛道、切要謹記在心、不論何時何處、忽然現大光明、有仙佛從光中出、現在你面前、不論其時你在工作休息或禪修、切不可向它禮拜、亦不可求它任何事、亦不可生起喜樂心、亦不必驚怕。應當以平常心、觀照如來妙明本心、自思:「我今修如來第一義諦、法性空寂、本無仙佛菩薩的相貌、見到佛菩薩放光現前、乃是幻覺、是我妄想所生、不是真佛菩薩、所以不用禮敬、不必聽它說法預言吉凶、不必求它任何事物、亦不生起喜樂或恐懼之心」。能作此想、即時超越魔境、入佛知見。

● 修行者、若不知此是妄想所生的幻境、見仙佛放光現前、就上前禮拜、天魔其時即得其便、入其幻境之中、為其人講經說法、預言吉凶、並為授記、其人不知是魔、著取其相、盡落魔道、腦神經被天魔所攝、便覺自己已有神通、能知人隱私、能夜間見物、能見遠處事物、能聽遠處眾音語言、能嗅各種沈檀花香、能說天語講靈話。甚至有神足能穿牆透壁。於是更加我慢憤高、自謂證無上道、謂如來尚是我的弟子、其能作佛皆是我所教化所致、一切天神皆我之所使喚。因而喪心發狂、無藥可治。事實上、這種人非常多、為什麼會這樣呢？都是「貪著神通和功德」才會入魔、成魔奴隸。此事、我若不講、恐怕一切學道的人、見到仙佛就生喜心、著相入魔、亡正徧知、失菩提路、淪入魔界、為魔奴隸。魔魘其人、日久厭生、棄其軀體、成為殘人、永墮惡道、無有出期。因此在血脈論中、常提及扶鸞、起乩、靈媒之事、令一切正心深信佛語眾生、不入魔見、修行如來正道、永超生死。

諸佛如來、本性體上、都無如是相貌、切須在意、但有異境界、切不用採括、亦莫生怕怖、不要疑惑。我心本來清淨、何處有如許相貌、

乃至天、龍、夜叉、鬼神、帝釋、梵王等相、亦不用心生敬重、亦莫怕懼、我心本來空寂、一切相貌、皆是虛妄、但莫取相。

當知第一義諦、見性明心之道、乃是彌陀如來四十八願淨業所成。任何一切人、若沒有如實深入諦觀、照至極樂世界微妙景象顯現具足圓滿、再諦觀至第十二觀、其中三昧若未圓滿、皆不會見到佛和菩薩。若我一般人要修證到此境界、須虔修諦觀六年以上、才能以因佛眼智成就、見佛菩薩、然其所見僅是如佛所護念經（無量義禪經）中記載的彌陀如來、觀世音、大勢至、此三聖尊的法身。見三聖尊具足法身後、再從三聖尊法身光中、見到一切諸佛、化佛、化菩薩。

● 當今世上的凡夫、以不清淨的身心、妄求神通功德、皆無深入如來四十八願大智慧海、怎麼會有「佛眼」？若沒有「佛眼」怎能看到「極虛透空無形質」的「法身佛、法身菩薩」？真佛 真菩薩 真仙、皆不現形給人看、世界上有幾人看到真佛 真仙 真菩薩？那些所看到的、若不是逼心太甚致生妄念所形成、便是天魔要來奪取此人慧命所變化。因此菩提達摩特別叮嚀：諸佛如來、本性體上、都無如是相貌、切須在意（要特別注意防範）、切不用理睬那些異象、不用理睬那些仙佛、也不必生驚恐駭怕、也不要疑惑會不會是真仙真佛要來點化我。千萬記住、我自性本心、本來清淨、絕不會有仙佛鬼神會出現、即使是諸天、龍眾、夜叉、鬼神、玉皇大帝、大梵天王……等相現前、切不可起敬重鬼神之念、不可求它任何事、不可與它言語、不可理會它所有一切、亦不必駭怕、我自性真如本心無始已來皆是虛空寂滅、一切鬼神美色、金錢蛇獸、刀兵器械、皆是「虛形妄相」。切記、不可著取一切異相、以免天魔、趁機侵附。

若起佛見、法見、及佛菩薩等相貌、而生敬重、自墮眾生位中。

若修行者、見佛菩薩、及或見帝釋、梵王、諸天女、龍眾夜叉、不警覺是自己妄惑幻景、把那些幻景當作是佛、求它傳法授記者、此人必墮三界天魔之趣、男變成魔民、女成魔女、言語狂慢、自謂證無上道、此邪迷者、墮魔道中、無有出期。

若欲直會、但莫取一切相卽得、更無別語。故經云「凡所有相、皆是虛妄」都無定實、幻無定相、是無常法。

若想要「見性明心直了成佛」、只要能不貪取一切異相、完全依照真如本心、勇猛精進、即得證悟無生法忍、成就無上正覺。除「見性明心」與「不貪著一切惑妄之相」之外、更無別的「話」可說了。因此、金剛經・如理實見分之中說：「凡所有相、皆是虛妄」更是說明那些幻相都不是禪定中的實相、而是因為行者幻想擾亂禪定所生出的幻相、盡是無常生滅的妄惑。

但不取相、合它聖意、故經云「離一切相、卽名諸佛」。

只要不貪著「速成正果、得大神通、得大功德」之妄念、法性空寂、所謂「佛來佛斬、魔來魔斬」不理不睬、不喜不畏、則其幻相如日消霜、須臾即逝。若能如是、即合如來深意。因此、如來於金剛經•離相寂滅分中說：「我相即是非相。人相、眾生相、壽者相、即是非相。何以故？離一切相、即名諸佛」。

問曰：因何不得禮佛菩薩等。答曰：天魔波旬、阿修羅、示見神通、皆作得菩薩相貌、種種變化、是外道、總不是佛。佛是自心、莫錯禮拜。

問：「為什麼不可以禮拜佛菩薩神仙呢」？菩提達摩答曰：「天魔波旬、阿修羅、及其眷屬、皆有五通、皆能變化成仙佛菩薩的形狀相貌、亦能作出許多神力的行為、這些都是外道魔眾的誘惑、沒有一個是真佛 真仙 真菩薩會在你修行的時候出現在你前面為你說法開示。那些全部是外道魔眾見人修行勤心、震動魔宮、魔生畏懼、乃以神通變化、偽裝為仙佛菩薩、來其人前、為其說法、教其如何修行才能早日證果、教其修行神通。若貪著神力不知是魔惑、心喜愛而禮拜領受魔語魔力、魔得其便、立即開其頂門、入其身中、其人立即有神力、實是為魔所附、成魔奴隸、表面看似行善濟世、然其所作盡是違背因果業報的偽善。魔一面令其愚人造作違背因果的罪業、一面奪取其人的慧命、同時將其人當下賤的奴隸驅使辦事、作種種靈媒事業。待其人罪業滿盈、慧命盡失之時、天魔即棄其殘軀而去、其人神力立時盡失、身敗名裂、墮無間獄永無出期。

● 修行者、皆應知曉「佛」是「自性真如本心法性空寂」才是「真佛」、一切「泥木金石塑繪」都是假佛、一切現身說法具足神通光明皆是魔惑。所以我達摩才說：「不得禮佛菩薩」。

佛是西國語、此土云覺性。覺者、靈覺。應機接物、揚眉瞬目、運手動足、皆是「自己靈覺之性」。性即是心、心即是佛、佛即是道、道即

是禪。

「佛」是印度話、中國話為「覺性」。「覺」就是「靈明覺知」的意義、凡是臨機應變、接物待人、揚眉轉眼、運動手足、思惟事物、知寒熱、覺痛癢、一切喜怒憂思悲恐驚怖、色聲香味觸的受想行識、全是自己「靈明覺知」之「性」。因此「自性」即是「妙真如心」、又名「妙明本心」、又名「自性本心」、簡稱為「心」。因此印證「心」就是「佛」、而「佛」就是「道」、而「道」就是「禪」。

禪之一字、非凡聖所測。又云「見本性」為「禪」、若不見本性、即非禪也。

禪、這一字、決非世俗粗人或讀聖賢書的人所能窺測。釋迦牟尼世尊曾說：「見本性」才可稱為「禪」、若不見本性、即不是佛道所謂的「禪」。只可說是「短暫的清淨」而已。

假使說得千經萬論、若不見本性、只是凡夫、非是佛法。至道幽深、不可話會、典教憑何所及！但見本性、一字不識亦得。見性卽是佛、聖體本來清淨、無有雜穢。所有言說、皆是聖人從心起用。

● 假使有人、能演說千本經典、萬本經論、若是說法者不修行見性明心的無上正法眼藏、他也只不過是一個生死凡夫、他所演說的雖是「佛經」、但他講解出來的、決不會是釋迦世尊所說經典的真實義。

● 無上覺道、幽遠深奧、不是用講的就可以了解、只會講經說教、不從「見性」下大工夫、所說皆違聖意、憑什麼可成佛呢？雖只修行「見性覺道、即使一個字也不認識、也必然成就無上正覺的正果。

● 見性就是見到佛的法身、法身即是聖體、無始已來清淨空寂、不是用三界中任何物質或動物的軀體骨角製造出來的。十二部經中一切所有經律論藏、皆是釋迦世尊從「願力（真如本心）」起「無上正智正等正覺」之「無量智用」、而三轉法輪。佛性本一、云何三轉？因眾生性欲不同、貪圖方便、如來不得直傳見性覺道、乃以無量智慧、外以天地法界諸事作譬喻、於天地法界諸事中暗示自性覺道。初說譬喻、自性清淨、與諸法無常、眾生無我、教眾生修「戒」、名為「初轉小乘佛道法輪」。中說種種譬喻、自性清淨、諸法無常、眾生無我、教眾生修「定」、名為「二轉中乘佛道法輪」。後說種種譬喻、自性清淨、諸法無常、眾生無我、教眾生修「慧」、名為「三轉大乘佛道法輪」故有三乘教之名。

用體本來空、名言猶不及、十二部經憑何得及？

釋迦如來佛世尊從「自心願力」起「無上正智正等正覺」其「無量智用」、為諸眾生說大乘十二部經、是用來啟發一切眾生「確實體悟法性本來空寂」所作。至理名言猶不能窺知一二、何況是只會講經說教而不修見性的凡夫、他所講解的十二部經、憑什麼說是「佛法」呢？十二部大乘經典、只是「佛道」結構的「鷹架」、並不是「佛道」的主體、十二部經皆是如來以無量譬喻、照明「佛法」而已。因此、大乘十二部經中、並無記載成佛的正法眼。

道、本圓成、不用修證！

「道」就是「覺」、而「覺」就是「佛」。釋迦牟尼佛無始以來就已圓明成就阿耨多羅三藐三菩提、豈是身為太子、在雪山菩提樹下修證六年、朝見流星而證道成佛者乎？是故言曰：「道、本圓成、不用修證」。歎眾生皆是迷人、有誰能知「如來」兩字的深義？有誰能知釋迦如來佛世尊在楞嚴經中所說「見性明心直了成佛」的「真如心」就是「真如本心」？有誰能知「真如本心」究竟是何事何物？

● 所謂「真」就是極虛透、金剛光體的華藏世界、又名為「一真法界」。「真」謂不偽不妄。

● 所謂「如」就是恒古恒今恒未來際、法身無量、光明無量、壽命無量、智慧無量、神通無量、神力無量、正智無量、正覺無量、身財法施無量、福慧無量、功德無量之「如來世尊」。「如」謂不移不易不變。

● 所謂「本心」就是「無始已來願力」。

● 問：「真如本心」既是「一真法界如來世尊無始已來願力」這到底是什麼？

答：「一真法界如來世尊無始已來願力」、就是「法藏比丘四十八願淨業所成就無量空寂清淨光明的華藏法性」。所謂「本」即是「無始已來」、所謂「心」就是「願力」。

● 問：阿彌陀經云「阿彌陀佛、成佛已來、於今十劫」就是說「法藏比丘成佛到今日只有十劫之久」。那你為何說是「如來世尊無始已來願力」？

答：法藏比丘實是釋迦如來。因為釋迦如來以一真法界實相、析為四十八願法藏、以此法藏教諸眾生、如實諦觀、開顯潛藏已久的真如佛性、以諦觀真如佛性而淨除妄惑業之源、明諦法界性而證無生法忍、究竟直了成佛。因此釋迦如來佛世尊譬喻自己名為「法藏比丘」。

●「成佛已來、於今十劫」者、謂釋迦如來佛世尊本是無始已來就已圓明成就阿耨多羅三藐三菩提、故曰：「成佛已來」。因為現今的佛經文章、是依印度古文法翻譯、所以文法與中國文法不同、印度說吃飯為飯食。印度說已來成佛為成佛已來。「已來成佛」就是說無始已來已圓明成佛。

●「於今十劫」者、謂一切眾生的身口意業、共有十種惡業、身有三惡業、殺盜淫也。口有四惡業、綺語 兩舌 惡口 妄語也。意有三惡業、貪欲瞋恚 癡行是也。此十惡業各有如一劫數字的執著迷惑、因此造下萬劫不復的罪報、輪迴三界生死受報。釋迦如來佛世尊以無量智用、制定法藏與清淨戒律、教諸眾生、修十善、淨除猶如十大劫數字的十惡業、同時修行「見性明心」無上法藏、究竟直了成佛。因此、釋迦牟尼如來佛世尊在阿彌陀經中、以種種譬喻、而說「阿彌陀佛成佛已來、於今十劫」。

● 問：既然釋迦牟尼佛已於無始無量無邊阿僧祇劫就已成佛、那麼他為什麼會是印度的淨飯王與摩耶夫人所生的王子？他為什麼會在菩提樹下苦修六年、一朝忽見流星墜地、而悟道成佛？他出生至今也只有三千多年、為什麼你說釋迦牟尼佛、是無始已來就已圓明成佛了呢？

● 答：釋迦牟尼如來佛世尊、實是無始已來就已圓明成佛、因見地球眾生（人）、居此五濁惡世、生老病死、如轉車輪、而於生死之間、種種病痛、無量煩惱、貪著一切、互瞋互害、飢困怨殺、受無量苦、乃起大悲心、欲救度之、出三界外、永免生死。於是以智慧神通、令摩耶夫人如懷胎狀、以神通力示現脇下誕生、生而能行能語、異象齊現。然、如來世尊實不入胞胎、非是世人。為了救度世人、乃將法身變為凡夫身、住世觀察人性與所有需求、所惡、所執所惑……一切種種、盡知明了、乃示現出家、至山中樹下、以智慧力、將一真法界實相、先析為四十八種思惟方式、名為四十八願法藏。再將法身變為凡夫身、親身體驗所創法藏的修行結果、初試即便成功、為了萬無一失、乃續以凡夫身的能耐、作了長達六年的實驗、證實此種方法、確是萬無一失、在最後一次自身實驗、印證成佛的時候、恰巧有一流星從空飛過。所以、釋迦牟尼佛以善巧譬喻自己在菩提樹下苦修六年、一朝看見流星、而悟道成佛、名為「釋迦牟尼佛」。事實上、並非如此。那棵闊葉樹原本沒有名字、是釋迦如來因為坐在那棵樹下、悟修法藏、印證人類依四十八願法藏、思惟諦觀、日久功深即可明見一真法界一切實相、淨除一切惑業、返璞歸真、證悟無生法忍、究竟成就阿耨多羅三藐三菩提、為了紀念那棵樹、才將那種樹取名叫做「菩提樹」。

● 如來世尊自稱名為「釋迦牟尼佛」亦另有重大意義、今述如左：

「釋」謂無相無為、無著無礙、解脫自在之義。
「迦」謂彌徧法界、無量具足、無所住在而無處不在之義。
「牟尼」謂法身猶如如意明珠、光明無量、隨意化現、無所不能、無所障礙、奧妙無窮之義也。
「佛」謂覺、謂道、初先印證自己可以獲取正覺。次以自覺之道、平等覺他、亦令成正覺。再三的自覺而又覺他、覺行無盡、是為「佛」義。

道非聲色、微妙難見、如人飲水、冷暖自知、不可向人說也。唯有如來能知、餘人天等類、都不覺知。凡夫智不及所、以有執相、不了自心本來空寂、妄執相及一切法、即墮外道。

● 道、是「妙覺」、不是用「音聲、物質、顏色、相貌」可以形容、深奧微妙、難遇難聞難見、就如自己飲水、冷暖只有自己體會得知、沒辦法向別人說、因為不是用「音聲、物質、顏色、相貌」所能形容、機緣尚未成熟、說出也沒人會深信修行的緣故。

● 道、只有釋迦如來自證自知、餘諸人、諸天、龍眾八部、鬼神、魔王、阿修羅、六道眾生、都不能「悟取正覺」、所以都不知「道」是何事何物。

● 凡夫只有常識、沒有智慧、不能了達虛空藏處的深奧微妙、盡是以有為之法、執相修行、不肯深入釋迦如來大乘經藏體悟大道、盡不了達「自心本來空寂」此語之微妙深義。妄想自是、執相迷著一切方便權宜小法、無一不墮入「色、聲、香、味、觸、法、非法」外道。貪著「名、利、財、食、睡、色、聲、香、味、觸、扶鸞、神職、善功、不亂、清淨、解脫、明心、神通」盡中貪瞋癡三毒大火、盡陷「我、人、眾生、壽者」四相深坑、盡漏落「三界六道」生死大海、寄望了脫三界生死輪迴、遙遙無期。寄望成佛、如夢幻泡影。

若知諸法從心生、不應有執、執卽不知。若見本性、十二部經總是閑文字、千經萬論只是明心、言下契會、教將何用、至理絕言。教是語詞、實不是道、道本無言、言說是妄。

若知華嚴經偈云：「應觀法界性、一切惟心造」即是所謂諸佛如來法性、從心想生。就不應於有為法執取不捨。若於有為法執取不捨、即是不知真如本心。若確見本性、則大乘十二部經已無作用、釋迦如來所說千經萬論、只是在講「證悟無生法忍」這一件事。如果有人了解血脈論的真實義、就要儘速參訪了義法師學修「見性明心」無量妙義。講經說教又有什麼作用呢？我達摩所說的都是至理絕言、典教只是語詞、作種種方便譬喻「道」之蹤跡而已、實際上並不是「道」。「道」本來就沒說出來、如果有人說釋迦世尊已將「道」講在如來住世所說的某一部經典中、這個人就是「大妄語」者、是「謗佛正法」者、他就是一個從未深入經藏而胡說八道的人。為什麼呢？

㈠因為不知釋迦如來佛世尊在楞嚴經•卷第九、說完色陰十種禪那中十種天魔現境之後、告訴當時在楞嚴會中一切比丘：「汝等當依、如來滅後、於末法中、宣示斯義、無令天魔得其方便、保持覆護、成無上道」。這段經文就是在告誡末法世一切修道者、皆當歸依於如來滅度兩千五百年後、阿難奉佛旨入世、號山海慧自在通王如來、代如來佛世尊宣說第一義諦、一切行者皆當歸依此了義法師（他不一定是出家人的相貌）、修行無上覺道、才不會被天魔誘惑喪失慧命、要保護自性本心、修持自性本心、堅固本心永不退轉、必定可於肉身在世之中成就無上佛道。

(二)楞嚴經●卷第十、釋迦牟尼如來佛世尊說至「識陰盡、等覺圓明、入於如來妙莊嚴海、圓滿菩提、歸無所得」之後、勸末法世眾生、持誦梵音楞嚴五會神咒以驅天魔。後再續說：「汝當恭欽、十方如來、究竟進修、最後垂範」。這段經文、就是告誡末法眾生、皆當恭敬啟請、如來敕令阿難入世替代如來世尊演說的無上覺道、亦即是末法世必當出現的「如來最後垂範、首楞嚴第一義諦●觀無量壽佛四十八願無量義禪經」、恭敬供養法師、恭敬啟請開示「最後垂範」當中「如來深密無量妙義」、其經典中「深密無量妙義」即是「究竟進修、見性明心、直了成佛」的無上正法、亦即是「諸佛如來究竟無上阿耨多羅三藐三菩提正法眼藏」。因此、末法眾生應儘速覓此了義法師依止修學。

若夜夢見樓閣宮殿象馬之屬、及樹木叢林池亭、如是等相、不得起一念樂著、盡是托生之處、切須在意、臨終之時、不得取相、即得除障。疑心瞥起、即魔攝。

若修行者、夜夢見、或禪修中、或在心無雜念時、忽見樓閣宮殿、旛蓋飄揚。或見象馬禽類美妙景象、樹木叢林池亭、如是美妙勝景、千萬不可生出絲毫喜樂之念著取其相。當知那些景相、盡是天魔誘惑修行人托生三界六道之處。切須特別在意這件事情、尤其是臨終的時候、不得執取天魔所幻化的一切景相、一心憶念「真如法性」即得淨除業障、真佛現前、生如來前。

● 吾山海慧於「大乘念佛法門究竟涅槃指路 ● 臨命終現境『佛』『魔』辨

析心要」說得非常徹底、今再次將中要語宣說、供見聞此書者、有所辨識。其文如下：

人臨命終時、軀體痛苦、意亂神迷、定不下心、見佛現前、或見父母眷屬、或見菩薩、或見生平所嗜好的「人、事、物」現前、心魂即著其境、迷墮其中、立即墮入「魔道、鬼道、畜生道、地獄道」諸惡道中、受無量苦、枉費一生的用功。若人平常多造惡業、或念佛時輕慢無禮、臨命終時、天魔候得其便、化作佛身、化作菩薩、全身皆出柔軟光明、其光不烈、更不見眉間白毫相光及頂上紅光、唯見全身出黃金色柔軟光、此乃天魔所幻化的偽佛、接引去做魔民魔女。

● 若「西方三聖」（阿彌陀佛、觀世音菩薩、大勢至菩薩）只來一聖、或來兩聖。或三聖齊現、而不見眉間白玉毫極光炎明之相。或見白鶴、白象、仙童、仙女執旛來迎。見此相者、皆是天魔所化偽佛、千萬不可被誘惑而隨行、必入魔界、成為魔民。

- 若見一條廣大平坦道路、路上有自己父母兄弟姐妹、夫、妻、子女、諸親戚、花旛寶蓋、五色珠車……來迎。盡是冤親債主、鬼怪妖魔、前來牽引、接入無間地獄。
- 若見聞鐃鈸鼓樂音聲來迎、盡是接入濕生道中、成魚蝦蛤蜊、螺蚌……之類。
- 若見寶殿、五色旗旛、珍珠車馬、黑白紙花、紙錢、觀音、佛祖、神祇、父母、男女親戚朋友、來迎接者、盡是魑魅魍魎。不可不知、生時常燒紙錢、死時見紙錢即迷著、盡成鬼魅。
- 若見花船繡鼓水舟來迎、盡墮枉死、餓鬼、地獄道中。
- 若見池塘、沐浴美貌「娘」「郎」來迎、若去定墮鵝鴨鴛鴦水鳥之類。若見空中、美貌仙童仙女飄飄來迎、若去定墮諸鳥飛禽、飛蟲類中。
- 若見陸地上、美貌俊秀男女來迎、若去定墮入家禽類、野生諸禽、畜類中。

● 若見佛殿、寶塔、樓臺、池塘浮屠（拱橋如虹狀）有無數來迎、若去定墮蛇、鼠、螻蟻、諸蟲之類。

● 若見美女與人裸體行婬、嬌羞百態、甚為迷人、若見此境、切須急速走避、若起愛欲之念靠近、立即墮入胞胎之中、牛馬豬狗、野獸駱駝之類、是故、釋迦牟尼如來佛世尊說：「若貪男女色相婬欲、必墮畜生道」。

● 若見西方三聖齊現、但不見三聖眉間各有白玉毫、亦不見三聖白玉毫極光炎明非常刺眼者、當知所見之佛、即非真佛、乃是天魔所化要來奪取慧命的偽佛。

法身本來清淨無受、只緣迷故、不覺不知、因茲故妄受報、所以有樂者、不得自在。只今若悟得本來身心、即不染習。

慧命法身、無始已來清淨空寂、見諸異色相、無受想行識之妄惑、不愛不受。眾生就因為執迷不悟、沒有正覺、沒有正智、一見諸異色相現前、就滋生宿習妄惑、起愛樂心、遂被天魔得其方便、攝入魔界三途惡道受無量苦報。所以、只要見到諸異色相而有絲毫愛樂者、心即不自在、立即被魔所攝。從今起、若能得明師指導、悟得無始已來即已具足的慧命法身真如本心、即能斷一切宿習妄惑、不再染著宿習、見諸異色相即不愛不樂不受、乃得超三界生死。

若從聖入凡、示見種種雜類、自為眾生、故聖人逆順皆得自在、一切業拘它不得、聖成久有大威德、一切品類業、被它聖人轉、天堂地獄無奈何它。

釋迦牟尼如來佛世尊係從華藏無為一真法界入三界中、為度眾生而示現二十五有塵沙品類眾生之身、因此世尊出世入世皆得自在、一切業報無法拘束祂。因為釋迦牟尼如來佛世尊成佛至今已無量無數阿僧祇劫、深密久遠、佛世尊證有無量無邊威神之力與無量無邊大權柄。三界六道二十五有塵沙品類眾生、一切諸業、蒙佛教化而轉變、由三界生死轉為大般涅槃、天堂地獄一切道官天魔、無法干涉如來佛世尊一絲一毫。

凡夫神識昏昧、不同聖人內外明徹、若有疑卽不作、作卽流浪生死、後悔無相救處、貧窮困苦皆從妄想生。

凡夫神識昏惑愚昧、怎會如同如來佛世尊對於三界內外一切因果全部明徹了達、若見諸異色相現前、與如來法性相違、即是有可疑、有可疑即不能愛、不能樂、不能受、不可作。若貪著異色相、即刻為天魔所攝、流轉生死六道輪迴、後悔已來不及、任何人、任何宗教以及如來佛亦無法相救。受身在世界上、生活貧窮困苦、都是因為妄想貪著才會受此苦業之報、何干生辰八字、擇日生子何益？

若了是心、遞相勸勉、但無作而作、卽入如來之見。

末法世了義法師了達「見性明心」即是「諦觀如來法界性實相、證悟無生法忍實體」此如來深義、我達摩勸末法世的了義法師務必起大慈悲願力、廣勸一切正心深信覺道的眾生、儘速修行「見性明心、無上覺道」、同時教導他們「見性明心直了成佛」的無上甚深微妙法、以及保護修行者慧命的「梵音楞嚴五會神咒」、勿令天魔得其方便、保持覆護、成無上道。

- 只要能依如來所教四依「依法不依人、依義不依語、依智不依識、依了義經不依不了義經」而尋覓了義法師、依了義法師教導「無所住而生其心」即是本文所謂「無作而作」、必能立即進入「如來正徧知、見性明心直了成佛」、即是本文所謂「即入如來知見」。
- 「依法不依人」謂皈依已修證見性、已修證入於如來法界性妙明真心的真善知識。不可皈依於只會講經說教外表很莊嚴、口才很好的人。因為真善知識常住法性之中、心性質直、不會花言巧語、不會詐現親附諂諛眾生。若尋師訪道者、不辨此事、表面上是來學道、一味喜歡法師來奉承你、如果法師不奉承你就不悅、這種無知眾生盡入生死、無出期時。

- 「依義不依語」謂要皈依於已有修證見性、已確了達如來法身一切真實義的真善知識。不可皈依於口若懸河的人、以及假冒仙佛扶鸞起乩敕教的乩筆、莫依此類眾生所著作一切「不見性、似是而非」的書籍、以免受其蠱惑、淪墮三途。

- 「依智不依識」謂要皈依於能知釋迦牟尼佛之身即是「法身」的真善知識；皈依於能知耶穌之身即是「法身」的真善知識；皈依於能知彌勒即是「法身」的真善知識。若是說法者不能知「釋迦牟尼、耶穌、彌勒」都是「法身」、都不是「人身」、祂們實是「同一法身、永遠不生不滅、並非是三個不同的人」。若不知此事的說法者、即是生死凡夫、不是真善知識、他所說一切經法、盡是「不了本心、違聖人意」不可皈依、不可跟隨修學。他既不了本心、跟他修行還有寄望嗎？

●「依了義經、不依不了義經」謂要皈依已修證見性、已得菩薩真實智慧、能隨自性真如本心無礙大智、無不具足、無所住在而無處不在、法無定法、離一切相的真善知識、這樣的大修行名為了義法師、他能了達「儒、道、釋、耶、回」五大正信宗教一切經典的真實義、而於三世一切佛之知見皆能通達無礙、所以此大善知識被如來稱為「了義經」、此大善知識能為如來護持法藏、並著作最後垂範、慈雲普覆無量眾生、令獲大般涅槃、故必要皈依跟隨修行。

●「不了義經」即是「不見性、不識自性真如本心無礙大智、不能證得菩薩真實智慧、不知五教同源、不知五教聖人同一法身、不知三世三身一切諸佛同一法身、不能通達五教經典聖意」、只會巧言善道講經說教、蓋廟院、辦法會、扶鸞起乩、啟靈、通靈辦世俗事……自稱已證無上聖道、我慢驕狂等一切人等。此類眾生聞如來深密藏處（觀無量壽佛四十八願無量義禪經）、悉生疑惑、怪罪是魔所說、不見不聞、阻人修行。不知那部經藏、出於如來法性大智慧海。彼種講經說教的人、猶如嬰兒不能辨知皂白是非、僅為我慢自是、必墮譭謗正法無量重罪、墮無間獄無出期時、是故如來說這種無知眾生為「不了義經」。無知眾生將五教聖人聖意踐踏於腳下、以驕狂自是著述似是而非的經論、誑惑眾生、一切眾生若不能明辨皂白是非、任其指揮、盡入魔道、是故如來預言「末法世中、邪師說法如恒河沙」、又在楞嚴經、摩訶般若波羅蜜經、大乘妙法蓮華經、觀無量壽佛經、大般涅槃經之內、各有直令指示及密語暗示、在如來涅槃兩千五百年後之末法世派遣山海慧自在通王如來入五濁惡世、教諸正心深信眾生、修行「見性明心直了成佛、無上覺道」、令正心深信眾生「不為天魔所惑、得入如來正徧知、見性明心直了成佛」、並為如來著作演說最後垂範、普度一切眾生、令得阿耨多羅三藐三菩提正果。

● 釋迦牟尼如來佛世尊在諸大乘經中說：

若人欲了知、三世一切佛、應觀法界性、一切惟心造。（華嚴經）

一切有為法、如夢幻泡影、如露亦如電、應作如是觀。（金剛經）

又曰：（金剛經）

凡所有相、皆是虛妄（生滅無常）、

若見諸相非相、即見如來（法身）。

又曰：（法華三部之無量義經）

無量義者、從一法生、其一法者、即無相也、

如是無相、無相不相、不相無相、即名實相。

又曰：（了義經）

如實深觀、無量義處、無量妙義、會歸一真、

法性空寂、即是「如來法身」究竟所住之處。

是故

我達摩在血脈論中說：「若了是心、遮相勸勉、但無作而作、即入如

來知見」。

初發心人、神識總不定、若夢中頻見異境、輒不用疑、皆是自心起故、不從外來。夢若見光明出現、過於日輪、卽餘習頓盡、法界性見、若有此事、卽是成道之因、唯自知、不可向人說。

初發心修行觀無量壽佛經（又名：佛所護念經）的人、雖修行數月、甚至數年、因根性不同、大都還是神識不穩定、無法如經文中所謂「如於鏡中自見面相」那麼實際清晰、皆會若隱若現、忽明忽暗、剎那出現、立即不見、或者竟無所見、只要能遇明師授與口訣、不懈怠、精勤思惟諦觀、即能漸漸顯現。若修此無上正法眼之人、一段時間後、在夢中頻頻見到經文所說諸境、切不可產生疑惑、那些夢境皆是因為自己用心精勤所致、不是外來魔事、只要常持誦梵音楞嚴五會神咒、皆可確保無慮。

● 若是夢見光明出現、其光熾盛勝於太陽、形狀亦如太陽「立體圓明」

者、乃是慧日法光出現、此人餘習宿障必於此身而頓盡除、此即是法界性顯現、亦即是觀無量壽佛經的第一觀「日觀三昧」即將成就的現象。若有此事、即是成道之因、唯自己知、切不可向人宣揚說此事也；但若了義法師問及、當據實以告。

或靜、園林中、行住坐臥、眼見光明、或大或小、莫與人說、亦不得取、亦是自性光明。

如果你在修行之日開始、不論是在靜心修禪觀、或是在園林僻靜處、行動、站立、坐禪、閒坐、睡臥、突然肉眼見大光明、其光或大或小、此乃自性神光、或諸天神經過、有時候也會是天魔在試探你。若有此事、切不可向人說、切不可認真、更不可宣揚、否則會被天魔認為你可誘惑、他得到機會就會對你下誘惑的毒手。因此、不可向人說、不可執著為真、要常持誦梵音楞嚴五會神咒、此神咒在楞嚴經中。末法世時、如來佛世尊會以正徧知(以心印心)授給山海慧自在通王如來、因此學道的人、在末法中要儘快覓尋這位善知識、跟隨他修學、最上第一乘佛道。

或夜靜暗中、行住坐臥、眼睹光明、與晝無異、不得怪、並是自心欲明顯。或夜夢中、見星月分明、亦自心諸緣欲息、亦不得向人說。

如果你在夜中靜心禪觀、或在夜中、暗洞中、行動、站立、閑坐、睡臥、忽然肉眼見到光明與白晝無異、不要疑怪害怕、這也是自性本心將要明現顯露的現象。或是夜夢中、夢見星月非常清晰光明、也是自性本心將要顯露的現象、也就是「法界性」將要顯露明現的前兆、一切業障將要消散的前兆、若有此事、切不可向人宣揚、以免天魔忌你、下誘惑毒手。行者、每日早晚皆當朗誦梵音楞嚴五會神咒、以免天魔怕你成道而來誘惑騷擾於你。

夢若昏昏、猶如陰暗中行、亦是自心煩惱障重、亦自知。

如果修禪觀的人、夢見自己進入昏昏暗暗中、或黃昏後的半明半暗中、或甚陰暗中、或荊棘雜滿的野外被困在內、或夢見自己在亂山中尋無出路、或在亂屋中不得出、或陷坑洞內、或沈溺水澤中、或被陷困在任何處所苦不得出、或被火從四周圍困、或夢被人或鬼神追殺恐怖、或夢見美女俊男前來誘惑……全部盡是「真如本心」在警告你、煩惱業障深重現前、醒來之後、應勤朗誦梵音楞嚴五會神咒、並勤修觀無量壽佛經、及勤虔誠懺悔。作此夢後、因重障現前、必會身體不適、神識不穩、生計不佳、但切莫退轉道心、一心精勤修行、十天半月之後、必再夢大光明、一切業障皆得頓盡。若是你退轉道心、天魔候得方便、集你一切業障來誘惑你、令你喪失慧命、進入輪迴、永無出期時。此事修行者不可不知。

若見本性、不用讀經念佛、廣學多知無益、神識轉昏。設教只為標心、若識心、何用看教？

若有人得真明師教導、修行觀無量壽佛經中十六觀的無上甚深微妙法、在禪觀中及日常生活行住坐臥中、皆能見如來一真法界自性本心、那就不必再讀其他大乘經典、亦不必稱唸六字洪名、因為廣學多知並無益於「見性明心」的聖道修行、反而會令人神識轉昏、不能明了。釋迦如來演說大乘經教、只是為了標示「本性自心」而設、若已了識「本性自心（真如本心）」就不用再看那些三乘經教了。偈云：

迷時須覓三乘教

悟時惟存無字經

就是血脈論本文的要點、如來佛演說經教、只為教導迷途眾生、離迷就悟、見性明心而已、若不知此、修學萬劫亦難免輪迴六道生死。

若從凡入聖、卽須息業養神、隨分過日、若多瞋恚、令性轉與道相違、自賺無益。

世上一切眾生、若要從凡夫地進入聖位、必須遵守如來第一義諦戒、止息一切惑業、觀照自性真如本心、安分度日。若見有了義法師入世宣演第一義無上正法眼、惟恐信眾流失而失名利供養、因而對了義法師心懷瞋恚、時時處處與之抗衡譭謗攻訐、這種行為、將使自性與「覺道的無生法忍」相違、毀謗正法必墮無間獄、無有出期時、妄自欺心究竟害了自己、有什麼用呢？

聖人於生死中自在出沒、隱顯不定、一切業拘它不得。聖人破邪魔、一切眾生、但見本性、餘習頓滅。

前佛後佛、皆是世界中的大聖人、聖人能於生死中自在出沒、隱世涅槃與入世顯教皆不受定數所拘、三界一切業報因果、奈何不了聖人、無法拘束聖人。

● 前佛釋迦牟尼世尊與後佛山海慧自在通王如來、皆是入世顯揚覺道、破一切眾生自身自心的魔障、一切眾生只要能深信修行、見到真如本心（法界性）、此人無始已來一切宿習惑業、必於是身在世之時頓滅淨盡、證悟無生法忍、成就無上正覺。

神識不昧、須是直下便會、只在如今。欲真會道、莫執一切法、息業養神、餘習亦盡、自然明白、不假用功。

● 後佛山海慧自在通王如來、雖是入母胎成凡夫身、但他的自性本已圓明、不因入母胎而迷昧、自然是能與前佛釋迦牟尼如來佛世尊相應、末法世中如來正徧知入他弘誓大願正念中、以心印心、當下即已見性、就在當今末法世、不久之後即證無生忍、圓滿菩提、歸無所得。

● 一切眾生、若欲真實體悟「見性明心無上覺道」者、就應該捨棄你前今所修學一切法、跟隨了義法師修行、止息一切惑業、觀照自性真如本心、不要計較面子與身份地位的事、學道之人當須謙虛溫良誠敬、有道為尊、有德為貴。如果你今是一宗之師、你能有此慈悲心、帶領信眾共同皈依了義法師、使你的一切信眾都能成就無上覺道。那麼、你就是真正大慈大悲慈雲普覆的菩薩摩訶薩、你能慈悲利益一切眾生、確實是眾生的良福田、功德無量無邊、你亦能因此大功德、無始宿習業障、盡除滅盡、即身成就無上正覺。

●道、是自然、若遇真善知識、隨他修學、自然具足明了、不是靠「持咒誦經、打坐參禪、扶鸞、神通……種種有為法」修行成道的啊！

外道不會佛意、用功最多、違背聖意、終日驅驅唸佛轉經昏於神性、不免輪迴。

外道之識、不明會釋迦牟尼佛經教意義、在外功方面用功最多、違背如來聖意、終日匆匆忙忙的唸佛、誦經、辦法會、朝山、禮懺、灌頂……、蒙蔽了真如本心佛性、終其一生用功、不免輪迴三界、六道受苦。這種愚昧眾生、只能怪自己不求明師、不求正道、不能怪如來不慈悲也。當知六波羅蜜、八正道、三身、四智菩提、五眼同觀、如來十力、盡是「見性」之中「自性一切功用」、豈是「真如自性」之外另有佛法、另有三身佛、另有四智菩提、另有六波羅蜜、另有五眼可得、另有八正道、另有如來十力、另有八萬四千法可修可證？

● 更可憐的是天魔附身的邪師、假借仙佛之名起乩扶鸞、要信徒用「三牲、五牲」祭祀「鬼神、亡靈、祖先」、此皆天魔作為、豈是仙佛本意、若不能辨別是非、愚昧無知、認魔為仙佛。依魔說、而邪行、罪報越解越多、越改越重、要進財添丁、反殺眾生之命、欲求解厄消災、反造更多惡報、豈非是魔之惑亂、難道會是仙佛本意？仙佛明知殺生必有災厄惡報、何以反會教人殺生祭祀仙佛及祖靈鬼神之理？天魔知世人迷昧可欺、乃以神足通、入靈媒之身、去誘騙迷信之人增造罪業、令入三途、為其奴隸、以滿足其欲望。迷人啊！你該醒過來、當一個智者、不要再迷下去了！菩提達摩在此呼喚！迷人啊！快醒過來！欲成一個智者、快覓明師、求出三界火宅啊！

佛是閑人、何用驅驅廣求名利、後時何用？

佛、就是享清福的閑人、修行佛道的人為什麼那麼愚癡、一定要自立山頭做一派宗師、竟日匆匆忙忙的巧立名目、詐信徒錢財、廣求名利供養。如果有朝一日開悟了這個道理、成了佛、那些用盡心機搞來的名利供養、難道也要一起帶到極樂世界裡去、給無量的佛菩薩把它拿來當你的笑柄嗎？如果你不敢帶去、那你用盡心機、在搞什麼東西？有什麼用呢？趕快悔悟吧！真善知識已將「最上第一義」為你準備好了、就等你能真心懺悔、來求取「大乘涅槃法食」呢！

但不見性人、讀經念佛、長學精進、六時行道、長坐不臥、廣學多聞、以為佛法、此等眾生、盡是謗佛法人。

只要是不肯修行見性、或是沒有修行見性的人、講經唸佛、長年學習自勵精進、甚至二六時中自謂行道、長年禪坐不倒丹、方方處處演說典教諸經、廣學多聞、辯才第一、自謂已得佛道正法、此等眾生、盡是「謗佛正法」的罪人。

前佛後佛、只言見性、諸行無常。若不見性、妄言「我得阿耨菩提」、此是大罪人。

前佛後佛、入世顯化啟教、只言「見性是道、一切有為皆是無常」。若是有人無修證「見性」、妄向大眾說：我已證得「廣大無量無邊、如來第一義諦正法眼、戒定慧俱修滿足、自覺覺他覺行皆善修滿足、已成佛道」說此話的人、就是「大妄語」的大罪人。

十大弟子阿難、多聞中得第一。於佛無識、只學多聞、二乘外道、皆無識佛、識數修證、墮在因果中、是眾生業報、不免生死。

● 釋迦牟尼佛世尊的十大弟子阿難尊者、無量無數阿僧祇劫已來、恒隨如來佛世尊在無量塵沙界中為佛侍者、聞佛說法、是故如來世尊示現為釋迦牟尼佛時、世尊敕封他為多聞第一。阿難尊者為了配合如來世尊以教化眾生、乃隱光晦跡、示現只求多聞、於佛覺道、絲毫不識。

● 阿難以神通智慧、作如此示現、是為了教化聲聞乘與緣覺乘此二乘外道之人。此二乘人、只學多聞、不求見性佛道、只知守六根避六塵、以及一切有為之法勤修、而自謂言「我生已盡、梵行已立、所作已辦、不受後有」作此妄語邪見。阿難知佛意、乃示現神通力、隱光晦跡、最後開悟、以教化後學、不可不求見性、不可只樂多聞、否則必墮因果之中、必致六道眾生數中、不免生死輪迴受苦。

● 然、阿難尊者實非二乘聲聞、乃無量劫來已證十二次等覺的菩薩摩訶薩、據此如來世尊在大乘妙法蓮華經 • 授學無學人記品、授記阿難於末法再入生死、現最後身、代佛世尊著最後垂範、演說第一義諦、教化一切已具大乘因緣的菩薩、修行見性明心、直了成佛「佛之知見」。釋迦如來世尊對阿難說：「你於來世、當得作佛、號山海慧自在通王如來、應供、正偏知、明行足、善逝、世間解無上士、調御丈夫、天人師、佛、世尊。當供養六十二億諸佛、護持法藏、然後得阿耨多羅三藐三菩提、教化二十千萬億恒河沙諸菩薩等、令成阿耨多羅三藐三菩提。國名常立勝旛、其土清淨、瑠璃為地、劫名妙音徧滿、其佛壽命、無量千萬億阿僧祇劫。若人於千萬億無量阿僧祇劫中、算數校計不能得知。正法住世、倍於壽命。像法住世、復倍正法。阿難、是山海慧自在通王如來、為十方無量千萬億恒河沙等、諸佛如來所共讚歎、稱其功德」。各位善知識、當看完此段經文、即可印證吾山海慧前面引述阿難不是二乘聲聞、確實不虛言也。山海慧三字、乃阿難入末法世的法號、此法號任何人不得冒用、冒名阿難罪猶可赦、冒用佛的法號必死無疑、三界掌法道官、豈能容邪妄之人盜用末法住世三寶尊的法號。經文中說「當供養六十二億諸佛」是密語暗示、阿難在地球進入壞劫之前、地球上人口達六十二億的時候、也就是山海慧自在通王如來得如來世尊密授無上覺道的時候、當得授記。

● 經文中說：「護持法藏、然後得阿耨多羅三藐三菩提」是密語暗示、阿難再入世之時、必須替如來佛世尊著作一部如來最後垂範•首楞嚴第一義諦的經典、同時代替如來將這部完整的大乘妙法蓮華經經典中的「見性明心直了成佛」的第一義諦、廣為演說、教化當時地球上六十二億人眾、然後證成妙覺果佛、究竟「歸無所得」。

● 我達摩說此血脈論、主要告知末法眾生如來血脈、末法世中投生、日月池畔、其中明處、童子離鄉、翻山朝陽、頭戴草帽、一田八方、同諸佛心來下種、志成佛道只求真、山居耕讀觀自在、海現潮音浪光綿、慧是自心成淨土、法無定法真寂滅、師佛世尊傳法華、此是如來真血脈、莫將餘人作阿難。

遠背佛意、卽是謗佛眾生、殺卻無罪過。經云：闡提人不生信心、殺卻無罪過。若有信心、此人是佛位人。若不見性、卽不用取次謗它良善、自賺無益、善惡歷然、因果分明、天堂地獄、只在眼前。

● 如果有人講經說教、或註著經論、遠離佛性、違背佛意、即是毀謗如來正法的一闡提。「一闡提」謂不信佛法的極惡眾生。佛在大般涅槃經曰：「一闡提人、不生信心、又謗毀正法、人人得而殺之、卻無罪過。」這與回教的可蘭經有異曲同功之妙。

● 佛又曰：「若人雖毀謗正法、終能信佛語修佛道者、不名一闡提、此人是會證佛位的人、他初時雖有毀謗、乃尚未知之故、其後能悔而信修、即無罪過、且可成佛。」

● 如果有人自己不修見性、卻不可造次謗他真善知識、不可阻人修行見性、否則即名「一闡提」、妄自欺心、實無好處。善惡昭彰、因果分明、天堂地獄、只在眼前、一切惟心、善惡造成、報應不爽。

愚人不信、現墮黑暗地獄中、亦不覺不知、只緣業重故、所以不信、譬如無目人、不信道有光明、縱向伊說、亦不信、只緣盲故、憑何辨得日光。愚人亦復如是、現今墮畜生雜類、誕生在貧窮下賤、求生不得、求死不得、雖受是苦、直問著、亦言我今快樂、不異天堂；故知一切眾生、生處為樂、亦不覺不知。如斯惡人、只緣業障重故、所以

不能發信心者、不自由它也。

愚人不信佛語是真、毀謗正法、攻訐良善、其識性已墮黑暗地獄之中、愚人亦不自覺不自知、究因就是他的罪業太深重、蒙蔽了良知的緣故、所以不能信受佛語。譬如無目的人、不信別人說有光明的日月星辰、即使再怎麼說、無目的人也不會相信、原因是他從被生出的時候就沒眼睛、沒見過光、再怎麼說怎麼教、他都不知日光是什麼？

● 愚昧的眾生也相同、即使現在墮生於畜生雜類、刀口湯鍋近在眼前、它還是不知已大難臨頭了。有人誕生在貧窮下賤的環境中、被人欺凌奴隸、求生不得、求死不得、雖過得那麼苦、若問他過得好不好？他也會說「我已習慣了這種生活、天堂也不過如此吧！」

● 據此可知、一切眾生、若生在極樂之邦、也是一樣不覺不知。就像那種不信佛語、又毀謗攻訐正法的惡人一樣、只因為業障太深重的緣故、所以不能生發信心的、並不是由於別人的影響啊！

若見自心是佛、不在剃除鬚髮、白衣亦是佛。若不見性、剃除鬚髮、亦是外道。

若有人、能悟如來聖意、諦觀法界性、見自性真如本心這個如來法身、這個人就是所謂的「常住佛」。不必論他有沒有剃除鬚髮、不必論他有沒有皈依受戒、即使他都沒有而能見性、雖是世俗白衣、亦是「常住佛」。末法世的山海慧自在通王如來、正是如此、不受戒、不皈依、不剃除鬚髮；但他能見性、即是真皈依、真持戒、真出家。出家是指出離三界生死火宅諸「有」之「身」、不是出離生身父母的家、也不是出離夫妻兒女的家。若不知此、出家枉然、豈是我佛門弟子！

● 凡夫愚昧、狂妄自是、自認為剃除鬚髮、燒上幾個戒疤、披上袈裟、就是出家、就是持戒、起大我慢。我達摩在這裡一巴掌打醒這種糊塗蛋。我達摩常說：「若不知見性、不修見性、不能見性、即使剃除鬚髮、燒上戒疤、講經說教、盡是外道、不是如來弟子」。當知釋迦如來在大乘妙法蓮華經中說：「若人毀謗在家出家（在家而能見性的僧寶）、讀誦法華經者、罪在三途、無出期時」。就是相應我達摩於此所謂「真出家」與「假出家」。見性即是「真出家、真皈依、真持戒」；不見性、身是出家了、但沒真出生死火宅、不知自性三身佛（清淨法身佛、圓滿報身佛、無量化身佛）、所以也沒真三皈依佛法僧三寶。是故亦沒真持清淨戒、無修自性三身佛、六波羅蜜、八正道、四智菩提、五眼、十力。因此達摩現金剛忿怒相而說：「若不見性、剃除鬚髮、亦是外道、不是如來弟子！」

• 如來為了於末法世將佛道正法傳授給俗家白衣、為了堵那些不悟佛道又驕狂我慢那種出家居士的嘴、你可見過大廟裡的三寶佛（阿彌陀佛、釋迦世尊、藥師佛）、觀世音菩薩、大勢至菩薩、文殊菩薩、普賢菩薩、這七位端坐在大雄寶殿最有份量的佛菩薩、哪一個剃除了鬚髮？佛教已有多年歷史、為什麼沒人敢故意把這七位佛菩薩的像改成光頭？如來世尊為什麼要這樣做、你現在明白了嗎？如果有人膽敢造次、將這七位佛菩薩的像改成光頭、那個寺廟不久就會被三界掌法道官擊毀、因為那不是佛的塔廟、是魔的宮殿。有無證道、只論是否見性、決不是論有否剃除鬚髮出家受戒、心起大我慢、豈是佛門弟子！。

問曰：白衣有妻子、婬欲不除、憑何得成佛？

問：世俗在家居士、有妻、有夫、當有淫慾之事不能除、憑什麼得成佛道？那些公關女郎、又怎麼能成佛？

答曰：只言見性、不言婬欲、只為不見性、但得見性、婬欲本來空寂、自爾斷除、亦不樂著、縱有餘習、不能為害。何以故？性本清淨故、雖處在五蘊色身中、其性本來清淨、染污不得、法身本來無受、無飢無渴、無寒熱、無病、無恩愛、無眷屬、無苦樂、無好

惡、無短長、無強弱。本來無一物可得、只緣執有此色身、因卽有飢渴寒熱、瘴病等相。若不執、卽一任作、若於生死中得自在、轉一切法、與聖人神通自在無礙、無處不安。若心有疑、決定透一切境界不過、不作最好、作了不免輪迴生死。若見性、旃陀羅亦得成佛！

答曰：只論有沒有見性、不論有沒有婬欲。婬欲只是因為沒有見性。只要能確見法界性、婬欲並不在法界性之中、見性之後自然能斷除婬欲、亦不會愛樂婬事、縱使一時不能盡斷、雖有淫事之行為、而無婬樂的欲著故、僅有行為而沒有欲著、並不能為害「自性真如本心」。為什麼呢？因為自性法身本來清淨、雖處在五陰色身當中、因見性的緣故、五陰集相轉為五蘊實相、佛性法身本來清淨、污染它不到。法身本就無婬欲的感受、亦無思惟、亦無行為、亦無識別。所以就沒有飢渴、沒有寒熱、沒有病痛、沒有恩愛、沒有眷屬、沒有苦樂、沒有好惡、沒有長短、沒有強弱……等種種的「感受、思惟、行為、識別」。「真如本心」本來就是無「形、相、聲、色」無一物可得。

● 就是起因於「執著有此色身」的妄想、有因就有果、才會有「飢、渴、寒、熱、病、痛、恩愛、眷屬、苦、樂、好、惡、長、短、強、弱」的感受。

● 若不執著有此色身、自性本心即於一真法界實相、應眼而見無量妙色妙景、無所障礙。應耳而聞水聲、風聲、樹聲、鳥聲、寶網聲、宮商聲、雷雨聲、佛語聲、而皆分辨明了。應鼻而嗅清風香、寶樹花葉果香、寶蓮花香。應舌而嚐七寶果甘醇馨香之味、八功德水甘醇清涼香味。應身而觸八種清風、寶池沐浴、穿著寶衣、入寶樓閣、足踏寶地、足履寶花、蓮花化身、臨諸勝景、觸種種光、分身無數、無處不在。應意隨順如來法性施為運作、恣意化現、無量具足、不生不滅、不垢不淨、不增不減、無相無作、無相不相、不相無相、法性空寂、證音香忍、證柔順忍、證無生法忍。若能至此、於生死中、得大自在、轉一切法為般若智慧、法身堅固、常樂我淨、即與釋迦世尊之聖道無差無別、而能神通具足、自在無礙、無處不安、即無煩惱生死。雖有婬事、而心無受、即無婬欲矣！

● 若心有絲毫存礙、尚有絲毫執於色身、即婬而心有感受、受而有樂著、有樂著即成欲、有欲即成宿習、於生死中決透不過一切幻化境界。所以我達摩說：「婬、這件事、不作最好、作了不免輪迴生死、六道受苦」。又說：「若見性、即使每天必須殺害生命千萬之數、亦能得成佛道」。

問曰：旃陀羅殺生作業、如何得成佛？

問：每日殺雞、殺鴨、殺豬、殺牛、殺羊、討海捕魚……為職業的人、他們每天殺生甚多、造下無數惡業、罪報不少、憑什麼得成佛道呢？

答曰：只言見性、不言作業、縱作業不同、一切業拘不得。從無始曠大劫來、只為不見性、墮地獄中、所以作業輪迴生死。從悟得本性、終不作業。若不見性、念佛免報不得、非論殺生命。若見性、疑心頓除、殺生命亦不奈它何。

答：只論有沒有見性、不論有沒有造殺生命的惡業。若不見性是真造殺命惡業；若見性則無造殺命之業、不只殺業沒作、其他一切業也沒有了、例如：妓女、偷盜、淫欲、綺語……一切業、從見性那時起、若真心懺悔、除邪行正、往日所造一切罪業、盡數消滅無餘、能日日見性、時時刻刻見性、法性本來空寂清淨、其人亦因見性空寂而自潛移默化、除非萬不得已、否則必不再作。縱使有作、心在見性之中、心無所作、即無造業、一切業報拘束他不得。但若預謀作惡而言見性即無造業、是大罪人、明知故犯、罪加十倍、報應不爽。

●從無始無量阿僧祇劫至今、就是因為不見性、致識性墮地獄中、所以才有「造業必墮因果、三界六道生死輪迴」這種事。從悟得「見本性」起、除邪行正、往昔今時後日究竟沒有造什麼惡業啊！為什麼呢？明明往日造下那麼多惡業、為何一旦見性、罪業皆不存在呢？佛是真語者、實語者、不虛語者。懺悔文曰：罪從心起從心懺、心若亡時罪亦亡、心亡罪亡兩俱空、是即名為真懺悔。這懺悔文所指的、不是與前面所講的「只論有沒有見性、不論有沒有造業」一樣嗎？今釋如下：

●「罪從心起從心懺」謂三界眾生一切罪業、皆是心起貪瞋癡之念、而後造作貪瞋癡的事、演變為貪瞋癡的惡業、終受三途惡道之報、故曰「罪從心起」。若修證見性、自性真如本心本來空寂清淨、如是時時刻刻修行見性、即心是法性、清淨無為、無作、無受想行識。要斷罪業的根、就要用這種清淨無為的方法、徹底將貪瞋癡毒根拔除、故曰「從心懺」。

●「心若亡時罪亦亡」謂時時刻刻修行見性、心即法性、空寂清淨、無為無作、無貪瞋癡的受想行識、即是亡心亡我。既是無心無我、一切罪即無歸處、罪既是無歸、即是無罪、故曰「心若亡時罪亦亡」。

●「心亡罪亡兩俱空」謂時時刻刻見性、空寂清淨、心即法性、空寂無相、如是無相、無相不相、不相無相、即名見性實相。若了見「見性實相」、即實名為「性空空性」、即是真實的無心無我、即是所謂的「心亡」。心既是亡、而貪瞋癡毒根也隨同消亡、行正即是所謂的「罪亡」。然、心亡與罪亡之事理、盡是在「見性空寂」之中才能究竟真實、故佛說「兩俱空」。

●「是即名為真懺悔」謂一切眾生、若有知悔、要懺其往昔所造惡業者、應將「心」即於「自性真如本心」而徹底將貪瞋癡毒根拔除、若能見「本性實相」才可名為「性空空性」、即是真實的「無心無我」、即是所謂的「心亡」。心既是亡、貪瞋癡毒根也隨同消亡、一切罪既無根可源、又無心無我而罪無歸處、行正才是真實的無罪。心即法性分秒不離、三毒無根可源、即不再滋生一切罪業、這才可稱為「真實的懺悔」。

● 觀普賢經曰：「一切業障海、皆由妄想生、若欲懺悔者、端坐念實相、眾罪如霜露、慧日能淨除。」亦是同事同理、謂三界一切眾生、造下無邊業、盡由識心妄起貪瞋癡而造業、受無量苦報。若有人知悔、要懺其前所造無量惡業、悔其往後不再造業、就必須正心憶念「如來法界性」一切實相、除邪行正。當你開始思惟憶念「法界性」、積如冰山的重罪、即消化而如霜如露。若你日久功深、得見「法界性」一切實相、無量無邊光明微妙之時、昔宿所造無量重罪、即時盡除。

● 世人無知、終日匆匆忙忙、唸佛、拜神、作水懺、拜梁皇、花費無數金錢、為了求佛赦罪、為了求免因果業報、其實皆不能滅罪一分一毫。當知罪從心起、非佛所加、求佛赦罪、無有是處！何況「水懺、梁皇」二科、皆非如來所說經典、如來住世何曾教人作水陸、拜梁皇、作水懺？眾生愚昧以為作法會、可滅罪免報、無有是處！以此綺語、詐眾生財者、永墮三途惡道、無出期時。若作懺唸佛拜梁皇可滅罪報、為何替人作此類法會的出家或在家、盡墮黑暗無間地獄？唯誌公和尚不受此報、其理甚明。誌公和尚、乃見性了義法師替梁武帝超度其后、作此科儀教化後人、以免作業受報、誌公和尚替梁皇作懺罪科儀、有向梁皇說要多少金銀嗎？誌公和尚並不是用梁皇科儀超度皇后脫離惡道的、你知道嗎？誌公和尚作梁皇科儀、目的在教後人棄惡向善、同時在教化皇后去除貪瞋癡毒心、待科儀作完時、誌公和尚見皇后已知悔改、乃以神力密授皇后「諦觀如來法界性的除滅罪法」、皇后見性生大歡喜、重罪頓時盡除而得解脫、你明白了嗎？如果水懺、梁皇寶懺、唸六字洪名、能滅一切重罪而得解脫者、世界此時應該沒有人類和畜生存在才合理、為什麼現今世界土地上竟增加無數人口和無量眾生、你不覺得很荒謬嗎？為什麼佛名越唸、法會越辦、人口和眾生卻越多、這綺語怎麼都沒人去拆穿它？噫！眾生都是迷人、有誰會想到這個道理呢？「儒、道、釋、耶、回」五大宗教越興盛、世界上的人口及眾生卻反而越多、就表示一切眾生、若不修「見性」、就憑任何宗教、也不能超脫生死輪迴、這不是很明顯的道理嗎？

● 若不見性、任你造再大的功德、拜再多的懺、二十四小時唸佛、畢一生之力、要免生死輪迴、無有是處！豈只論「白衣有淫欲和旃陀羅的殺命」呢？若見性則今此書中所說一切皆無復疑惑、頓除無量重罪業報、今生命終、即生淨土、何用唸佛轉經拜懺持咒！是故我達摩說：「若不見性、念佛免報不得、非論殺命。若見性、疑心頓除、殺生命亦不奈它何！」

● 作懺罪消災法會、不是不可作、那是引導眾生趣向佛道的方便法、但若有人以此為賺錢事業、這種人不入地獄餓鬼畜生、還有誰會入三途惡道？釋迦牟尼佛在楞嚴經中說「裨販如來」就是「盜法」、難道是說給信眾聽的？佛是說給替人作法會的人聽的、你瞭解了嗎？若你已知悔、速覓真善知識、速修「見性覺道」、真實懺悔於自性之中、你的一切宿業、皆得盡除、而又可證無上菩提。

自西天二十七祖、只是遞傳心印、吾今來此土、唯傳頓教大乘、卽心是佛、不言持戒精進苦行、乃至入水火、登於劍輪、一食長坐不臥、盡是外道有為法。若識得施為運動靈覺之性、汝卽諸佛心、前佛後佛只言傳心、更無別法。

● 自從釋迦牟尼如來佛世尊入世教化至今、已歷二十七代祖師。代代祖師皆是遞傳世尊心印、我菩提達摩今入中國唯傳「頓悟見性明心直了成佛」如來第一義諦大乘心法、這無上心法就是「將心入於如來法性」。不說「持戒、精進、苦行」小乘之法。更不說「入水不溺、入火不焚、登於刀梯、入於劍輪、吃一餐就竟日長坐不臥……」那些盡是外道的有為法。

● 我菩提達摩在此血脈論中說了不少、若末法世中、山海慧自在通王如來、出現人間、立即能了達我菩提達摩所說「施為運動靈覺之性」、汝即「諸佛心」等等深奧妙義。前佛後佛、只傳授「以心印心」這一法門、更無其他方法可以成佛。

若識此法、凡夫一字不識亦是佛。若不識自己靈覺之性、假使身破為微塵、見佛終不得也。

若是了達我菩提達摩所說「靈覺之性、真如本心」這無上甚深微妙法、即使是一個「未皈依、未受戒、未持戒、未出家、未修行」的俗家凡夫、即使他一個字也不識、此人亦是「常住佛」、亦是「常住法」、亦是「常住僧」。

● 若是佛門 者老長宿、長年持具足戒、或是年少持具足戒、若然不識「自己靈覺之性、真如本心」、或僅是空有言說、而無實證、如此之人、縱使將其色身、自破自裂、磨為微塵、要在其中尋覓「佛性、佛道、法身」終不能得也。

● 佛門中人、多迷外相、謂某和尚、圓寂之後、燒出舍利、數有多少。焉知如來所言舍利、乃是慧命法身、非是火灰殘餘之物。經云：「凡所有相皆是虛妄生滅無常、若見諸相非相即見如來法身。」何以世人、迷昧如是、驅驅外求、著相修行、從未深入如來經藏、深解聖意、一向驅驅廣求名利供養、無常一到、後時何用？火燒剩餘殘質、色如七色瑠璃、盡是「矽」之所然、豈是「法身舍利」乎？愚哉！南閻浮提（地球）本是瑠璃世界、瑠璃即是玻璃、玻璃之原料即是矽、是故南閻浮提一切地土山石盡是矽所成、僅有少數為動植物殘質。一切五穀草菜盡從地生、矽化微子入五穀草菜之中、常年食之、矽積筋骨血肉中、一旦火燒高溫、肉身灰燼、矽集為物體、七色奪目、依然是矽化玻璃、擊之應聲粉碎、何以名為「法身舍利」？

● 法身本是空寂清淨無物、豈可將矽當作法身、裝塔禮拜、愚癡之甚、莫過於此。法身舍利唯釋迦如來法身、全身舍利重倍生前、餘一切人、皆非法身舍利、豈可魚目混珠、欺誑世人！

● 是否「見性成佛」與燒出殘質玻璃毫無相干、若不信者、取放野吃草牛羊待其自死而後燒之、其殘質玻璃必倍於出家和尚。若迷信其物為法身舍利、為何畜生反比和尚更多、難道和尚修證不如牛羊？吾出此事、為破迷信、非攻訐人。由此可知「有否見性成佛」與死後燒出玻璃有無、毫不相干、眾生不可再盲目迷信。見性與不見性才是極樂天國與黑暗地獄的見證與辨證。然、是否真實見性、如人飲水冷暖自知、自惑自賺、何益何用？

佛者、亦名法身、亦名本心、此心無形相、無因果、無筋骨、猶如虛空、取不得、不同質礙、不同外道。此心、除如來一人能會、其餘眾生迷人不明了。

所謂「佛」、又名法身、又名本心。此「妙明真如本心」無形無相、非因非果、無有筋骨、猶如虛空、取之不得、而卻可見、可聽、可嗅、可嚐、可觸、可緣、可受、可想、可行、可識、可證、可得。然而此心不同於物質生滅變異、不同於外道諸法、不同於魔法邪術一切幻化。一切見聞嗅嚐觸緣受想行識、盡是在「真如本心」之「自性功用」、而非肉體上之六根、所能「成受」之也。

● 此「妙明真如本心」惟除釋迦如來一人自證自知、其餘諸天、帝釋、梵王、龍眾八部、天魔、鬼神、一切眾生、及與世間所有一切的迷人、盡不能明了。

此心不離四大色身中、若離是心、卽無能運動、是身無知、如草木瓦礫、身是無性、因何運動。

此妙明真如本心不離火水地風四大色身中、色身若離妙明真如本心即不能運動、那個身體即無知覺、如草木瓦礫。身體若沒有靈覺之性、怎能運動。

若自心動、乃至語言施為運動、見聞覺知、皆是動心動用。動是心動、動卽其用、動用外無心、心外無動。

所謂「運動」是指從心臟搏動、乃至說話、思惟、七情六慾種種感受、運動手足軀體、工作、眼能視、耳能聽、鼻能嗅、舌能嚐味、口能食物言語、身有觸覺、意能辨識、乃至五臟六腑、血液循環、神經傳導、細胞代謝、內分泌調節、汗水眼淚、大小便利、等一切功能、皆是靈覺妙明本心在起作用。

• 身體所有一切作用、稱之為動。然而、身體一切作用、盡是靈覺妙明本心在起一切作用。身體一切作用之外就找不到靈覺妙明本心。靈覺妙明本心若離身外出、則身體所有一切功能作用、立即停止。

動不是心、心不是動、動本無心、心本無動。動不離心、心不離動、動無心離、心無動離。

身體所有一切功能作用、並非因心臟而產生。色身的心臟不是身體一切功能作用的來源。靈覺本心在身體裡面產生一切功能作用、純屬自然、不是因心意思惟而作做。

● 色身的心臟若沒有靈覺本性、心臟也不能自己搏動。色身上所有一切功能作用、離不了靈覺妙明本心。靈覺妙明本心、並不離身體所有一切功能作用。倘若身體所有一切功能作用停止了、靈覺妙明本心也就離開了。如果靈覺妙明本心沒有了、身體所有一切功能作用也必然停止了。

動是心用、用是心動、動卽心用、用卽心動。

為了使你們更深入了解、我再次的強調說明、身體一切的功能、就是靈覺本心的作用。靈覺本心起了作用、心臟才能搏動。全身的功能盡是靈覺本心在起作用。全身的功能在運轉、盡是靈覺本心在運轉。

不動不用、用體本空、空本無動、動用同心、心本無動。

聖人、不動真如本心、不用色身功能、而行於道。故能體悟「道即是法性、本來空寂」。空寂本心、如如不動。隨意化現、無量具足、見色聞香、一切作用、同是靈覺妙明本心、而靈覺妙明本心本就如如不動。

故經云：動無所動。終日去來、而未曾去。終日見、而未曾見。終日喫、而未曾喫。終日聞、而未曾聞。終日知、而未曾知。終日喜、而未曾喜。終日行、而未曾行。終日住、而未曾住。

是故、佛於經中說：施為運作無量無邊不可思議、而究竟如如不動。終日去來華藏世界、而色身未曾去。終日照見如來法性、而眼根未曾見。終日飲嚐八功德水與七寶果、而舌根未曾飲嚐。終日聞極樂妙香、即諸勝音聲、而色身之耳根鼻根、皆未曾聞。終日入於如來正徧知、而色心未曾知。終日常樂我淨、而面容未曾喜。終日行如來梵行、而色身未曾修行。終日住於大般涅槃、而色身未曾住。

故經云：言語道斷、心行處滅、見聞覺知、本自圓寂、乃至瞋喜痛癢、何異木人、只緣推尋痛痒不可得故。

因此、佛於經中說：言語、施為運作、思惟決斷、心念萬變、目見、耳聞、身覺、意知分別、一切一切盡是無始已來自性圓明本心法性空寂、而動無所動。甚至瞋怒、喜愛、痛癢、皆無所「受」、身如木頭人無異。究其原因、係恆住自性圓明本心法性空寂之中、圓明本心空寂清淨、諸法不生、推尋痛癢盡不可得的緣故。

經云：惡業卽得苦報、善業卽有善報、不但瞋墮地獄、喜卽生天、若知瞋喜性空、但不執、卽業脫。若不見性、講經決無憑！

釋迦牟尼如來佛世尊在經典中說：造惡業即得種種苦報、造善業即得善報。不僅是「心生瞋忿會墮地獄、心生善喜即生天界」。

● 若有人悟知「瞋喜」二念、在自性真如本心亦是空寂不生、能不執瞋執喜、恆亡心亡我、一切罪業即無歸處、罪報於一生之中頓時滅盡、而得解脫生死與六道輪迴。

● 若人不見本性、他所演說一切經法、盡是有為外道、違真如心、背涅槃城、憑他所說經法、寄望解脫生死究竟成佛、無有是處。

說亦無盡、略標邪正如是、不及一二也。

我菩提達摩、若要說如來血脈傳承末法一切事、說一年也說不盡、僅此概說、標顯外道邪師與正法了義法師的辨識方法、教末法中一切正心深信「如來以心印心、見性明心直了成佛」無上覺道的智士、儘快尋覓在末法世中即將成佛的山海慧自在通王如來、跟隨他修行「如來以心印心、見性明心直了成佛」的「如來最後垂範」、證得阿耨多羅三藐三菩提的無上正果、才是真實的「我生已盡、梵行已立、所作已辦、不受後有」、才是真實的「究竟涅槃」。我菩提達摩今血脈論中、所標顯外道邪師與正法了義法師的辨識方法、尚不及十分之一二也。

頌曰：

我菩提達摩、在血脈論後段、留下十一句頌詞、說：

心心心、難可尋、寬時偏法界、窄也不容針。我本求心不求佛、了知三界空無物、若欲求佛但求心、只這心心心是佛。我本求心心自持、求心不得待心知、佛性不從心外得、心生便是罪生時。

吾今一句一句解其實義如下：

心心心、難可尋、

前佛後佛以心傳心這個真如本心、實是非常難找尋。

寬時偏法界、

此真如本心一放、剎那偏滿十方無量法界。

窄也不容針、

此真如本心一收、剎那不見、難容針尖。

我本求心不求佛、

聖人修道、僅求自性真如本心、不求真如本心之外的佛菩薩、更不求外道神通一切有為法。

了知三界空無物、

聖人依真如本心思惟諦觀、禪定三昧、在金剛般若三昧中、印證「貪、瞋、癡」乃三界之名、在自性真如本心之中本是空寂而無一物可得可尋、於「性空空性」之中自然盡除三毒。

若欲求佛但求心、

若要學道成佛、惟一的途徑就是、向自身中的自性真如本心中求之、必定成道成佛。

只這心心心是佛、

只有修行前佛後佛以心傳心這個自性真如本心、才是真佛、才能究竟成佛。

我本求心心自持、

聖人修道、惟求自性真如本心、然而此心就是操持自身運作施為的靈覺本性。

求心不得待心知、

若人不明何為自性真如本心、而去求自己色身中那個心臟、妄想成佛、無有是處！要知自性真如本心為何事何物者、必待機緣、遇已修證見性明心的善知識點化、才能得知。

佛性不從心外得、

真如佛性、不是從自性真如本心之外可以得到。若不從自性真如本心將心印心、即使修練無量千萬億阿僧祇劫、也不能開顯「潛藏已久的真如佛性」、更不用寄望「證道成佛」了。

心生便是罪生時。

若「心外求佛法」的念頭一生出、那一剎那開始、便是無邊罪業、無量罪報、集結在自身的時候了。

偈曰：

我菩提達摩說血脈論之後、再做一首四句偈、說明自己的來歷、傳法的過程、和傳法的目的。

吾本來此土、

我菩提達摩、乃是無始已來、恆住此娑婆華藏法界的毘盧遮那如來。我不受一切眾生身、不入三界、沒有生死、故自喻是出家比丘。達摩乃西天語、華語即是法藏、當知我乃法藏比丘。若有人說我是印度的某國王子、作是說者是大癡人。若有人說我菩提達摩只是普通阿羅漢、只是禪宗的祖師、作是說者、是一闡提。

傳法救迷情、

我分身無量無數、隨類化現、普應群機、隨方設教、講經傳法、救度三界六道、一切迷昧本心的有情眾生。今再示現入世、傳頓教大乘心法、僅為印證末世、了義法師（山海慧自在通王如來）所傳乃是如來第一義諦「即心是佛、見性明心」無上覺道、是如來正法眼三寶尊。

一花開五葉、

我今示現菩提達摩、惟傳頓教大乘心法「即心是佛」、亦名「見性明心直了成佛」、乃法藏比丘四十八願無量妙義、以見性為資糧、以明心為修習、以成佛為究竟、僅此一乘、更無二法、故又名為「如來第一義諦」。我今示現、猶如曇花一現、只傳五代血脈在佛寺院中、隨即終止、法傳白衣(俗家人民)、故曰：一花開五葉。若將此語錯解、認為我菩提達摩進入中國開創五個佛教的宗派、作此說者、是大癡大愚生死凡夫、非善知識。

結果自然成。

我今像法入中國、曇花一現、猶如寶樹開花、再經一千年後即是末法、必結聖果。阿難奉佛旨入末法世、法號山海慧自在通王如來、依釋尊正徧知、合我見性明心心法、即心入如來法性、隨法性自然無為大智、成就阿耨多羅三藐三菩提。一切眾生、若生信心、依山海慧自在通王如來所授心法、思惟諦觀、見性明心、皆成佛道正果、是故我曰：結果自然成。

達摩血脈論　終

達摩悟性論・真實義

達摩悟性論

（菩提達摩原著）山海慧註於西元二〇一三年五月

夫、道者、以寂滅為體。修者、以離相為宗。故、經云：寂滅是菩提、滅諸相故。

夫、道者、以法性空寂滅一切相為體；修者、以離一切相為宗。故、經云：寂滅是菩提、滅諸相故。

佛者、覺也。人有覺心、得菩提道故、名為佛。經云：離一切諸相、即名諸佛。是知、有相、是無相之相、不可以眼見、唯可以智知。若聞此法者、生一念信心、此人以發大乘（ㄕㄥˋ）、超三界。

佛者、覺悟無上正智正等正覺無生忍也。人有覺心、得阿耨多羅三藐三菩提道故、名為佛。金剛經云：離一切虛妄之相、即名諸佛如來清淨法身。是知、見性之中有相、是無相之相、不可以肉眼得見、唯可以佛之智眼得知。若聞此無上乘正法者、生專精一念信心不退、尋明師求道訣、此人、以發大乘無上覺心故、得超三界。

三界者、貪瞋癡是。返貪瞋癡為戒定慧、即名超三界。然、貪瞋癡亦無實性、但據眾生而言矣！若能返照、了了見貪瞋癡性、即是佛性；貪瞋癡外、更無別有佛性。

三界者：「貪（欲界）、瞋（色界）、癡（無色界）」是；若能依如來本願無量功德海見佛法界性、返「貪、瞋、癡」成為「戒、定、慧」、即名「超三界」。然而「貪瞋癡」亦無真實種性、但依據眾生起邪妄心而言矣！若能依佛四十八願無量無邊功德海、見性返照、於見性中了了見「貪瞋癡」之性、即是「佛性」無二。「貪瞋癡」之外、更別無「佛性」存在。

● 「癡」就是「邪、迷、傲慢、妄想、分別、執著、妄為」。

經云：諸佛從本來、常處於三毒、長養於白法、而成於世尊。三毒者、貪瞋癡也。

大般涅槃經云：諸佛（如來清淨法身）從本來（無始已來）、常處於三毒、長養於白法（光明吉祥清淨解脫之法）、而成於世尊。三毒者：貪、瞋、癡、是也。

言、大乘、最上乘者、皆是菩薩所行之處、無所不乘、亦無所乘、終日乘、未嘗乘、此為佛乘。經云：無乘為佛乘也。

佛言「大乘、無上乘」者、皆是菩薩所行之處。於佛本願無量妙義無所不乘（行）、然而於行為上亦無所乘（行）、終日乘（全天候的在自性中密行於如來梵行之覺照）、未嘗乘（但在行為外表上卻看不出有修行的表現）、此為「佛乘」（這樣的修行、即是所謂：清淨法身的梵行）。釋迦牟尼世尊於經云：無乘為佛乘也（全天候的密行、無為的見性、即是所謂清淨法身的覺照梵行）。

若人、知六根不實、五蘊假名、遍體求之、必無定處。當知此人、解佛語。經云：五蘊窟宅、名禪院。內照開解、即大乘門、可不明哉！

若有人知自己與諸眾生之六根（眼耳鼻舌身意）不具實性、五蘊（色受想行識）亦係假設名詞、色受想行識若於自己肉身遍體求之、必無定處（可得之處）、當知此人、已深解佛語（如來真實義）。如來於大乘經云：色身是五蘊窟宅、名叫「禪院」；能在肉身內、以四智菩提依佛本心見性返觀內照、開佛知見、悟佛知見、解脫自在、即是名為「大乘法門」、凡立志超三界生死者、豈可不明了此事之至理哉！

不憶一切法、乃名禪定。若了此言者、行住坐臥皆禪定。

不憶一切法、乃名「禪定」（若人依四智菩提循如來本心密行見性、從成所作智入妙觀察智、深入不憶一切法而一切法自然涌現具足的平等性智、名為「禪」。再深入一切具足、不生不滅、不垢不淨、不增不減、無所不在亦無所在、久視不散的大圓鏡智、乃可稱為「禪定」。若見此悟性論而能了悟此言之真實義者、行住坐臥、皆是「禪定」。

知心是空、名為見佛、何以故？十方諸佛、皆以無心、不見於心、名為見佛。

知自性如來四智菩提之心、是具足圓明寂照空而不空、名為「見佛清淨法身」。何以故？十方諸佛如來清淨法身、皆以無相之心見性密行、而不見（執著）於過去 現在 未來之三心、名為「見佛清淨法身」。

捨身不悋、名大布施。離諸動定、名大坐禪。何以故？凡夫一向動、小乘一向定、謂出過凡夫小乘之坐禪、名大坐禪。若做此、會者、一切諸相不求自解、一切諸病不治自差、此皆大禪定力。

捨身自覺覺他覺行不悋、名「大布施」。離諸妄動與空定、名「大坐禪」。何以故？凡夫一向妄動六識五陰雜念；小乘一向執定妄斷六識五陰煩惱。所謂出過（離）凡夫之煩惱妄想與小乘之著相妄斷煩惱的坐空禪、名「大坐禪」。若能做此事而會意通達者、一切虛妄諸相、不求自解、一切生死煩惱諸病、不須治自然而差癒、此皆「見性大禪定之無上力」。

凡將心求法者、為迷；不將心求法者、為悟。不著文字、名解脫。不染六塵、名護法。出離生死、名出家。不受後有、名得道。不生妄想、名涅槃。不處無明、為大智慧。無煩惱處、名般涅槃。無心相處、名為彼岸。迷時、有此岸。若悟時、無此岸。何以故？為凡夫一向住此；若覺最上乘者、心不住此、亦不住彼、故能離於此彼岸也。若見彼岸異於此岸、此人之心、已得無禪定。

凡將心（以著相之心）求見性之法者、為「迷」。不將心（以無相無為之心）求見性之法者、為「悟」。不著相於文字、名「解脫」。心不染六塵（色聲香味觸法）名「護法」。出離三界六道二十五有生死、名「出家」。不受後有（不再有來生二十五有之身）、名「得道」。不生六識五陰顛倒妄想、名「涅槃」。不處無明（貪瞋癡）、為「大智慧」。無煩惱處（見性得六識五陰盡轉為如來五蘊實相）、名「般涅槃」。無心相處（無無明、亦無無明盡。乃至無老死、亦無老死盡。無苦集滅道、無智亦無得、以無所得故、明心而證無生法忍）、名為「彼岸」。心迷相時、有「此岸」。心若覺悟無生法忍時、無「此岸」。何以故？因為凡夫迷昧一向妄動六識五陰顛倒妄想故、常住此諸有之身的岸。若能見性覺悟最上乘者、心明故、不住二十五有此岸、亦不住斷滅佛種智的小乘涅槃彼岸、故能離於「此、彼」岸也。若見彼岸異於此岸（若以自心四智菩提、循如來四十八願思惟諦觀、而見如來不生不滅一切種智、其中五陰 六識 十八界皆轉成如來五蘊實相、有異於凡夫六識五陰一切煩惱）、此人之「心」、 已得「如來法性空寂無量義禪定」。

煩惱、名眾生。悟解、名菩提。亦不一不異、只隔具迷悟耳。迷時、有世間可出；悟時、無世間可出。

煩惱（六識五陰）名「眾生」；悟佛知見轉煩惱成佛一切種智解脫自在、名「自覺菩提」。六識五陰在凡夫是名「煩惱眾生」；在見性菩提是自覺菩提、故曰：亦不一不異、只隔具「迷、悟」耳。迷於文字時、心著相故「有世間」可出；悟佛知見、見性明心時、心無相故「無世間」可出。

平等法中、不見凡夫異於聖人。經云：平等法者、凡夫不能入、聖人不能行。平等法者、唯有大菩薩與諸佛如來行也。若見生異於死、動異於靜、皆名不平等。不見煩惱異於涅槃、是名平等。何以故？煩惱與涅槃、同是一性空故。

平等法（如來見性第一義住中道實相）中、不見得凡夫有異於聖人的差別。如來於經云：平等法者、凡夫不能入、治世的聖人亦不能行；平等法者、唯有大菩薩與諸佛如來能密行也。若見六識五陰之生異於死、動異於靜、皆名「不平等」。不見煩惱（六識五陰）異於涅槃（如來五蘊實相法性空寂不生不滅）、如是見性名「平等」。何以故？煩惱（六識五陰）與涅槃（五蘊實相法性空寂不生不滅）、同是「一性空」故！

是以小乘人、妄斷煩惱、妄入涅槃、為涅槃所滯。菩薩知煩惱性空、即不離空故、常在涅槃。涅槃者、涅而不生、槃而不死、出離生死、出般涅槃。心無去來、即入涅槃。是知涅槃、即是空心。

是以、小乘人、妄斷煩惱、妄入斷滅涅槃、而為「涅槃」之相所滯；菩薩、知煩惱性本空寂、即依如來密藏見性而不離空（謂不離五蘊實相的真空實性）、故「常在涅槃」。「涅」而虛妄心不生、「槃」而真如心不死、心念無生出離生死、即是所謂「生出無煩惱處的般涅槃」。心密行四智三身五眼、法性平等具足顯現、圓明普照無去無來、即是所謂「入涅槃」。由是證知「涅槃」即是「空寂一切相之圓明金剛心」。

諸佛入涅槃者、為在無妄想處。菩薩入道場者、即是無煩惱處。空閑處者、即是無貪瞋痴也。貪為欲界、瞋為色界、癡為無色界。若一念心生、即入三界；一念心滅、即出三界。是知三界生滅、萬法有無、皆由一心。

諸佛入涅槃者、是因為能永恒安住在無妄想處。菩薩入道場者、即是無煩惱處（安住於不受六識五陰所惑的如來五蘊實相中也、亦名為般涅槃）。空閑處者、即是見性、安住無生法忍、而無三毒貪瞋痴也。貪、名為「欲界」。瞋、名為「色界」。痴、名為「無色界」。若貪瞋痴三毒之一念心「生」、即入三界；若三毒之一念心「滅」、即出三界。以是證知「三界」生滅、萬法「有、無」、皆由自己「一念心」所因所緣。

凡言一法者、似破瓦石竹木無情之物。若知心是假名、無有實體、即知自家之心、亦是非有、亦是非無。何以故？凡夫一向生心、名為有；小乘一向滅心、名為無；菩薩與佛、未曾生心、未曾滅心、名為非有非無心。非有非無心、此名為中道。

凡是佛於經中所言「一法」者、謂「一乘法」又名「無上乘第一義阿耨多羅三藐三菩提見性正法眼」似破（用此言以破）瓦石竹木用人手所作神佛菩薩諸像等無情之物。若知「心」只是一個假設名詞、無有實體而非是指人體內的心臟、即知佛所謂「自家之心」亦是非有實體、亦是非無實性。何以故？凡夫、一向生六識五陰雜亂妄想之心、名為「諸有虛妄」；小乘、一向滅六識五陰雜亂妄想之心、名為「無記斷滅」。菩提薩埵與佛、未曾生心、未曾滅心、名為「非諸有心、亦非無記心」、此、名為「中庸之道」。

是知、持心學法、則心法俱迷；不持心學法、則心法俱悟。凡迷者、迷於悟；悟者、悟於迷。正見之人、知心空無、即超迷悟。無有迷悟、始名「正解正見」。

以是證知、持著相之心學佛法、則「心與法」俱迷；不持著相之心學佛法、則「心與法」俱悟。凡、迷者、迷於「以有相之心求開悟」；悟者、悟於「自心把持得住、作得了主、依佛見性而不迷」。能依如來正法眼見如來法界性之人、知自性真如本心法性空寂、無相無礙無著、即超脫「迷相與悟相」的大惑；無有執於五陰六識妄想的「迷惑」、與執於涅槃頑空斷滅的「悟惑」、始能名為「正解脫、正知見」。

色不自色、由心故色；心不自心、由色故心；是知心色兩相、俱生滅。有者、有於無；無者、無於有、是名真見。夫、真見者、無所不見、亦無所見、見滿十方、未曾有見。何以故？無所見故、見無見故、見非見故。凡夫所見、皆名妄想；若寂滅無見、始名真見。

見性之中色聲香味觸法受想行識、原本不自顯現色聲香味觸法受想行識、係由自性四智菩提之心、故顯現六識五蘊一切色相。四智菩提之心、原本不自顯現四智菩提心、係由於循如來四十八願無量功德海的極樂世界、思惟諦觀而生如來五蘊實相中的色聲香味觸法受想行識、故顯現四智菩提心。以是證知、見性中「心、色」兩「相」、俱是自心生滅因緣。見性之中有六識五蘊與四智菩提心及佛一切種智者、係有於無心無相無為。能證無心無相無為無礙無著之無生法忍者、係無心無相於有六識五蘊與四智菩提心及佛一切種智、若人能如是見性者、是名「真見佛性」。夫、真見佛性者、如來四十八願大智慧海所成極樂世界無量妙義無所不見無所不「聽、聞、言、嚐、觸、法、受、想、行、識、覺、知」、然而於色身之肉眼耳鼻舌身意六根亦無所見無所「聽、聞、言、嚐、觸、法、受、想、行、識、覺、知」。見如來法界性徧滿十方無量無數無邊、然肉身之六根未曾有見聞覺知。何以故？無所見（如來虛空藏係由自心密見）故、見如來法性、肉眼無法可見故、見非見（見如來法界性非是肉身的六根所能見）故。凡夫以色身六根所覺知所見、皆名「虛偽妄想」；若寂滅一切妄想無心無相而以四智菩提心見如來法界性無量義者、始名「真見如來法界性」亦名見性。

心境相對、見生於中。若內不起心、則外不生境、境心俱淨、乃名為真見。作此、解時、乃名正見。

自家四智菩提心與如來四十八願所成法界性之境相對相印故、真見生於自性中、若內不起著相妄想之心、則外不生顛倒夢想之境。如來法界性之境與四智菩提之心俱淨（內於空離空、外於境離境、不生不滅、不垢不淨、不增不減、無量具足徧滿無礙無著、不即不離、無所不在亦無住著、久視不散、乃名為「真見如來法界性」。能作此事並確實了解如來秘密法藏時、乃名「如來八正道之正確見性」。

不見一切法、乃名得道；不解一切法、乃名解法。何以故？見與不見、俱不見故。解與不解、俱不解故。無見之見、乃名真見；無解之解、乃名大解。

不以肉眼見如來四十八願無量義一切法、乃名「得三菩提道」。不以著相有為身心解讀如來四十八願無量義一切法、乃名「真解如來正法眼」！何以故？肉眼見與不見、俱「不見佛性」故！以著相有為身心妄解如來藏與不解如來藏、俱「不解如來正法」故！肉眼無見之見（在自性中以天眼 法眼 慧眼 佛眼 一時同觀密見）、乃名「真見」。無解之解（不著相於文字、不以身之六根進行有為的修行；而能在自性中起四智菩提、密行如來一切梵行、得如來一切種智、見性明心證無生法忍。如上所言乃名「無解之解」）、乃名「大解如來無上乘妙法、證無生忍、而得大解脫大自在」。

夫、正見者、非直見於見、亦乃見於不見。真解者、非直解於解、亦

乃解於無解。

夫、正見佛性本性者、非直見於肉眼之見、亦乃見於自性中密行清淨眼之見、肉眼「不能見」。真解如來無上乘大法者、非直解於「文字暨一切有為之解」。亦乃悟解於「無解之解」（謂以清虛光明、住空、無相、無願、無作、無有、不起、不滅、平等、之無為而為於自性中密行見性明心、證法性空寂無生法忍的無上正智正等正覺、名為：無解之解）。

凡有所解、皆名不解；無所解者、始名正解；解與不解、俱非解也。

凡以有為身心暨著相於文字所解釋出來的、皆名為「不了解如來無上乘妙法」；於自性中密行如來虛空藏處、於有為文字無所解無所著相者、始名「正解如來無上乘妙法」。有為、文字、著相之解與不解如來無上乘第一義、俱「非如來無上乘解脫之道」也。

經云：不捨智慧、名愚癡；以心為空、解與不解、俱是真；以心為有、解與不解、俱是妄。

世尊於經云：不捨智慧（執著於文字相、自謂已開悟的）名為「愚癡眾生」。以四智菩提之心而為如來本心四十八願無量義、證不生不滅、不垢不淨、不增不減、久視不散、圓明普照的法性空寂、於文字上解與不解、俱是「真如」。以著相之心而為「有為」的修行、例如：稱名唸佛、誦經、皈依受戒、持齋、跑香、遶佛、打七、施捨救濟、扶乩教化、通靈接竅、塑佛像、拜佛像、建大佛寺院、講經說法、辦法會超拔、點道傳道、凡身手所為的一切有為法而修行、如斯之人、於佛經語解與不解、俱是「妄解、妄想、妄語」。

● 「解」：謂解如來無上乘見性成佛第一義的真實相、真實義、真如妙用也。

若解時、法逐人；若不解時、人逐法。若法逐於人、則非法成法；若

人逐於法、則法成非法。若人逐於法、則法皆妄；若法逐於人、則法皆真。是以、聖人亦不將心求法、亦不將法求心、亦不將法求法。所以、心不生法、法不生心、心法兩寂故、常為在定。

若「解真如」之時、是「法」來追逐人、不求自得；若「不解真如」時、是人去追逐「法」、任求不得。若「法」來追逐於人、則能棄「非法」而成就「正法」；若人去追逐於「法」、則「如來正法」被曲解而成「非法」。若人處處著於文字相而追逐於如來無上乘解脫之法、則其所解析出來的如來經法皆是「妄語」；若人能得遇真大善知識指導、以四智菩提之心、行無為的如來梵行、即是所謂「法來追逐於人」、則其人所修「如來種智一切法」皆是「真如」。是以、聖人亦不將著相有為之心求法、亦不將無記頑空之法求真如本心、亦不將著相之心、求四智菩提之心、亦不將文字之法求如來無上乘解脫之法。所以、四智菩提心不生執著的法相、法執不生於四智菩提心、四智菩提心與如來法界性兩俱空寂故、能無為常為而在「定」中！

眾生心生、則佛法滅；眾生心滅、則佛法生。心生則真法滅；心滅則真法生。

六識五陰顛倒妄想的「眾生心」一旦生起、則佛法界性清淨法身立即被「消滅」；六識五陰顛倒妄想的眾生心「滅」、則佛法界性清淨法身自然而「生」。是故云：顛倒虛妄著相之「心」生、則真如正法滅；顛倒虛妄著相之「心」滅、則真如正法生。

已知一切法、各各不相屬、是名得道人。知心不屬一切法、此人常在道場。

已知法藏比丘四十八願無量義一切法、各各能分別諦審諦觀、無礙無著圓明俱足普照而不相屬（不相執、不相礙）、如是修行的、名為「得道人」。知自性自心不屬（著礙）於四十八願無量義一切法、此人「常在道場」。

●道場：謂如來法界性、亦名「極樂世界」。

●常在道場：謂永生於極樂世界。

迷時有罪、解時無罪。何以故？罪性空故！若迷時、無罪見罪；若解時、即罪非罪。何以故？罪無處所故。

自心迷昧時、以不見性而不能證「心法」兩寂故、三毒之根不除、雖拜佛皈依、拜懺、施捨、廣造福田、亦有宿世之罪報、報於今生與來世；解如來無上真實義時、以見性而明心、證心法兩寂的無生法忍故、三毒心之根淨除淨盡、一切罪無根可緣故、往昔今生所造一切罪障立即消滅而無罪！何以故？三毒十惡五逆之罪性同入空寂故！是故、佛曰：人若迷於五陰六識、著相、顛倒妄想時、即使無罪而又行一切有為的諸善、亦因自心三毒不除而見一切罪報；若能解如來無上乘(ㄕㄥˋ)妙義、見性密行、即使在有罪之中作事業、例如：娼妓及屠宰畜牲的工作、亦因有見性故、三毒十惡之心亦同入空寂故、其人所作所為、亦非真實有罪！何以故？三毒十惡之罪性空寂無處所故！一心常住如來法性空寂之理、雖有「行為」不名「造業」。云何屠宰業者無罪？以其雖宰殺畜牲、其心不起瞋恨惡念、僅是執行業報而已、是故曰：即罪非罪。

經云：諸法無性、真用莫疑、疑即成罪。何以故？罪因疑惑而生、若作此、解者、前世罪業、即為消滅。迷時、六識五陰、皆是煩惱生死；悟時、六識五陰、皆是涅槃無生死法。

經云：見性諸法是虛無妙有無礙無著無相的空性、真如妙用莫起疑悔之心、若於見性真如起疑悔、即成無量無邊罪！何以故？罪、因疑惑真如法性而生；若能作此見性佛事、深解如來無上乘見性第一義者、前世罪業即為消滅！自心迷昧時「六識、五陰」皆是「煩惱、生死」；

悟見性時、六識五陰「皆是涅槃」無生死法。

修道人、不外求道、何以故？知心是道。若得心時、無心可得。若得道時、無道可得。若言將心求道得者、皆名邪見。迷時、有佛有法；悟時、無佛無法。何以故？悟即是佛法。

修道人、不向心外求道。何以故？知「見性明心」是道。若得「真如空性、無生之心」時、無「心」可得。若得「無生忍三菩提道」時、無「道」可得。若有人言：將著相有為之心向心外求道、而能得道證果者、皆名「邪見」。自心迷昧時、心外有佛可求、心外有法可修；悟見性時、心內心外皆無佛可求、無法可修！何以故？悟見性證無生忍、即是「佛、即是法」、除此之外、更無「佛、法」。

夫、修道者、身滅道成、亦如甲折樹。

夫、修道者、此身過後、證不受六道二十五有之身、二十五有身滅、即是「三菩提大道」成就、即是成就金剛不壞、不生不滅、光明清淨法身。亦如甲折樹（修剪樹木也）。謂樹在影子亦在、影子不在則樹必亦不在。以此比喻、身在與身滅也。人若不知見性成佛之無上大法、不能證無生法忍得如來十力四無所畏、後有必如影隨形、雖修善因、難逃惡果！何以故？既不能證無生法忍、不能得如來十力四無所畏者、心必常隨六識五陰而起三毒十惡、念念無常故、常遊六道、輪轉不息；臨命終時、或在中陰身四十九日中、生前所造善惡諸業先報最強勝之業力、斯時自然化現生前最喜好之人或事物、出現眼前誘惑、以其人無有無生法忍之金剛乾慧、無如來十力之大智慧、立即被所現幻境誘惑、迷失於其中、即入六道四生二十五有身中、任你現今被尊稱什麼大法師？金剛上師？上人？大和尚？或什麼祖師？做了多少福田？供養多少僧眾？唸了多少經文？拜了多少懺？唸了多少佛？講了多少經？建了多少寺院？扶乩造了多少書？教徒多少人？

辦了多少法會？即使能通靈接竅、飛天遁地十八變神通、都難逃再入六道受苦受難的惡果！

生此業報身、念念無常、無一定法、但隨念修之、亦不得厭生死、亦不得愛生死、但念念之中、不得妄想、則生證有餘涅槃、死入無生法忍。

佛性生於此業報身中、常隨六識五陰念念無常、無一「定止之法」、但隨如來經教「四念處」修之、亦不得厭色身生死、亦不得愛色身生死、但依佛四十八願見性念念之中、不得起諸相妄想、如此修行則此現世色身生證「有餘涅槃」、此妄心死即入「無生法忍」、證「真阿惟越致」生如來前、法在人間悟、佛在人間成、見性名「菩堤薩埵」、悟證「無生法忍」即是「佛」。

眼見色時、不染於色；耳聞聲時、不染於聲、皆解脫也。眼不著色、

眼為禪門；耳不著聲、耳為禪門。總而言：見色、有見色性不著、常解脫；見色相者、常繫縛。不為煩惱所繫縛者、即名解脫、更無別解脫。

見佛法界性、眼見色時、不染於色；耳聞聲時、不染於聲；鼻聞香時、不染於香；舌嚐味時、不染於味；身觸物時、不染於物；意緣法時、不染於法；知此六根非色身者、皆名「解脫」也。見佛性眼不執著於法界性一切色、眼為「禪門」而成就「天眼、法眼、慧眼、佛眼」一體同觀。耳不執著於法界性一切聲、耳為「禪門」而成就「天耳、法耳、慧耳、佛耳」一體同聽；鼻、舌、身、意、亦復如是。總而言之、至人見性「見極樂世界無量光明妙莊嚴色、自性有見、而色性不執著故、常住解脫、一得永得；凡夫見色、相者（以著相）故、常被繫縛。不為六識五陰煩惱所繫縛者、即名「解脫」、更無別有解脫之道。

善觀色者、色不生心、心不生色、即色與心俱清淨。無妄想時、一心

是一佛國；有妄想時、一心是一地獄。眾生造作妄想、以心生心故、常在地獄。菩薩觀察妄想、不以心生心、常在佛國。

善觀法界性無量妙色者、色不生心（不著相於心）、心不生色（不著相於色）、即是「色與心」俱清淨、而能圓明普照。無妄想時、一心是一佛國；學佛有妄想時、一心是一地獄、自心中的眾生亂起、造作妄想、以六識五陰煩惱心、生「過、現、未來、三毒」心故、常在地獄；菩薩循如來智慧、觀察妄想、不以五陰六識煩惱心、生「過、現、未來、三毒、諸有」心故、常在佛國。

若不以心生心、則心心入空、念念歸靜、從一佛國至一佛國。若以心生心、則心心不靜、念念歸動、從一地獄歷一地獄。

若不以六識五陰諸心、生諸有妄想心、則心心入圓明空寂、念念歸靜（真如）、從一佛國、至一佛國、無所不達、不生不滅、不垢不淨、不增不減、圓明覺照無礙。若以六識五陰之心、生諸有妄想心、則心心不靜（顛倒妄想）、念念歸動（妄惑）、從一地獄、歷一地獄、永無休止。

若一念心起、則有善惡二業、有天堂地獄。若一念心不起、即無善惡二業、亦無天堂地獄。為體非有非無、在凡即有、在聖即無。

見性修觀若執染之一念心起、則有即善排惡二業、有天堂、有地獄；若執染之一念心不起、即無「即善、排惡」二業、亦無「天堂、地獄」、惟有如來法性、不生不滅。心為念之體、非有非無。在凡夫的妄惑中即有；在聖人的圓明寂照中即無。

聖人無其心故、胸臆空洞、與天同量、此已下並是大道中證、非小乘及凡夫境界也。心得涅槃時、即不見有涅槃、何以故？心是涅槃；若心外更見涅槃、此名著邪見也。

聖人空無其執染之心故、胸臆空洞、與天同量。此口訣以下、皆是

「見性第一義大道之中」始能印證、非是「小乘」及「凡夫」境界所能知也。「心」得大圓鏡智涅槃時、即「不見有涅槃」！何以故？「心明」是「涅槃」！若「見性明心、證無生法忍」之外、更見另有涅槃、此名「著邪見」是邪魔外道也。

一切煩惱為如來種心、為因煩惱而得智慧。只可道：煩惱生如來。不可得道：煩惱是如來。故身心為田疇、煩惱為種子、智慧為萌芽、如來喻於穀也。

一切煩惱（六識五陰）、為「如來一切種智之心」、聖人為因「煩惱」而得「解脫真實智慧」。只可言道「煩惱（六識五陰）生如來清淨法身」；不可得（說）道「煩惱（六識五陰）是如來清淨法身」。故、人體身心、為「田疇」。煩惱（六識五陰）、為「種子」。轉煩惱成為法界性的智慧、為「萌芽」。如來清淨法身、喻於所穫之「穀」是謂「正果」也。

佛在心中、如香在樹中、煩惱若盡、佛從心出。朽腐若盡、香從樹出。即知樹外無香、心外無佛。若樹外有香、即是他香；心外有佛、即是他佛。

佛（清淨法身）、在四智菩提心中、如水沉香的香炁存在樹中；煩惱（六識五陰）若盡、佛（清淨法身）從無生心出、猶如水沉朽腐若盡、香炁從樹木內涌出。以此譬喻即知、水沉樹的樹外無「香」、四智心外無「佛」（不生不滅清淨法身）；若水沉樹外有香炁、即是「其他外來的香味」不是水沉木自有的香炁；四智 無生之心外若有佛、即是「其他外來的佛」與自己不生不滅清淨法身佛無干、既非「自佛」即「無自佛」、既然自身沒有不生不滅清淨法身、而自謂「能成佛」不生不滅、豈非狂人之大妄語乎？！

心中有三毒者、是名國土穢惡；心中無三毒者、是名國土清淨。經云：若使國土不淨、穢惡充滿、諸佛世尊於中出者、無有此事。不淨穢惡

者、即無明三毒是。諸佛世尊者、即清淨覺悟心是。

●心中有三毒（貪瞋癡）者、是名「國土穢惡」（即是佛祖所說的五濁惡世）；心中無三毒者、是名「國土清淨」。

●要使心中無三毒、務必見性令心明、既證無生無上覺、法身常在極樂中。是故曰：心中無三毒、是名「國土清淨」也。經云：若使國土不淨、三毒穢惡充滿、諸佛世尊（如來不生不滅清淨法身）可於穢惡心中出者、無有此事！經所謂「不淨、穢惡」者、即是指「無明三毒」是也；諸佛世尊者、即指「清淨覺悟心」（依觀無量壽佛四十八願無量義禪經修行、證得如來無生忍、所成就不生不滅清淨法身）是也。

一切言語、無非佛法、若能無其所言而盡日言、是道。若能有其所言、即終日默而非道。是故、如來、言不乘默、默不乘言、言不離默。悟此「言、默」者、皆在三昧。

如來最後垂範首楞嚴第一義諦、觀無量壽佛四十八願無量義禪經、大乘妙法蓮華經、一切言語、無非佛法（清淨法身之正法眼）、若能不執經書文字相、無其經書所言之字獄、而盡日於自性中「密言及密行其事」、是「如來成佛大道」；若能「有」其所言（若執著經書文字、不體悟真如、而以「有為、妄想」進行經文所說一切事者）、即使終日默坐緊閉六門、而其行為「非是如來見性成佛之道」。是故、如來無去無來不生不滅清淨法身、自性中密言不乘（異）默坐緊閉六門、默坐閉六門不乘（異）自性中密言、自性佛密言不離默坐返照觀察、悟此「言、默」者、皆是「在如來見性双三昧中、無為常為的菩薩」始能證知！

若知、時而言、言亦解脫。若不知、時而默、默亦繫縛。是故、言若離相、言亦名解脫。默若著相、默即是繫縛。夫、文字者、本性解脫；文字不能、就繫縛。繫縛自本來、未就文字。

若、知如來見性無上大道、時而在自性中密言、雖有所言、亦常在「解脫」得大自在；若不知如來見性無上大道、時時而默坐不語不起、默坐亦是「身心之牢獄繫縛」。是故、自性佛之密言若離「我、人、眾生、壽者之相」、雖有所「言」亦名「解脫」；「默坐內觀」若著「我、人、眾生、壽者、十八界分之相」、默即是「繫縛牢獄」。夫（然）經書文字者、本是世尊為眾生開示見性解脫之門；若於佛語經典文字不能了義、就陷於文字的繫縛牢獄。然、「繫縛」起於自己本心而來的增上慢、不肯謙下參求「真大善知識」所致、未就「文字」（繫縛非是從佛語經典文字而生出）而是由自己的增上慢、自以為是而生出、故云「繫縛自本來、未就文字」。

法無高下、若見高下、非法也。非法為筏、是法為人筏者、人乘其筏者、即得渡於非法、則是法也。

法（如來阿耨多羅三藐三菩提法）於見性中無高下（無色、質、遠、近、前、後、左、右、上、下、內、外、明、暗、虛、實、晝、夜、等十八界分)、若見法界性有高下十八界之執取者、非「如來見性正法」也;世尊以「非主諦的八萬四千權宜方便小法」為「筏」、引度眾生、是八萬四千權宜小法、是為度有緣人、從小乘之持戒、進階至中乘之持戒修定、再進階大乘修「戒、定、慧」如人乘筏者引渡也。人「乘其筏」者、即得正知正見、入「戒、定、慧」而能渡於「非法」之執取著相、若遇大善知識時、能下心參求則是「法」也。

若世俗言、即有男女貴賤;以道言之、即無男女貴賤。以是天女悟道、不變女形;車匿解真、寧移賤稱乎?此蓋非男女貴賤、皆由一相也。天女於十二年中、求女相了不可得、即知於十二年中、求男相亦不可得。十二年者、即十二入是也。

若以「世俗」而言、即有「男、女、貴、賤」的分別;以「道」言之、即無「男、女、貴、賤」之相。以是、天女悟得大道之後、不願改變本由父母所生的女形，釋迦牟尼佛未出家時的馬車伕車匿、聞佛開示、悟解真如之後、寧願移去如來為太子時為馬車伕之賤稱乎？此、蓋非「男、女、貴、賤」、皆由於一心「取執、著相」也。天女於十二年中、求「女相」了不可得；即知、於十二年中求「男相」亦不可得。所謂「十二年」者、即是指六根入六塵之「十二入」是也。

離心無佛、離佛無心、亦如離水無冰、亦如離冰無水。凡言離心者、非是遠離於心、但使不著心相。經云：不見相、名為見佛、即是離心相也。

修道之人、必須知曉、離「自性四智菩提之心」無佛可覓、離「佛一切種智」即無「自性四智菩提之心」。亦如離「水」無「冰」、離「冰」無「水」。凡、言「離心」者、非是「遠離」於「心」、但使「不著心相」而已。經云：不見虛妄執取諸相、名為「見佛清淨法身」、即是「離心相」也。此語即是金剛經中如理實見分經文「若見諸相非相即見如來」是也。

離佛無心者、言佛從心出、心能生佛；然、佛從心生、而心未嘗生於佛。亦如魚生於水、水不生於魚。欲觀於魚、未見魚而先見水；欲觀佛者、未見佛而先見心。即知已見魚者、忘於水；已見佛者、忘於心；若不忘於心、尚為心所惑；若不忘於水、尚被水所迷。

離「佛」無「心」者：言「清淨法身佛」從「四智菩提心」出、「四智菩提心」能生「清淨法身佛」；然「清淨法身佛」從「四智菩提心」生出、而「四智菩提心」未嘗生於「清淨法身佛」。亦如「魚（佛）」生於「水（四智菩提心）」、「水（四智菩提心）」不生於「魚（佛）」。比如說：欲觀於魚、未見魚而先見水；欲觀「佛清淨法身、圓滿報身、百千億無量化身」者、未見佛而先見自己四智菩提心。從上義即知「已見魚者、忘於水；已見佛者、忘於心」；若已見三身佛而不忘於四智菩提之心者、尚為「心相」所惑！若已見魚而不忘於水、尚被水所迷、是以既入真如之真空實性、必須「心、法」兩寂、猶如治病有病與藥、病退藥除、才不反被藥所害。

眾生與菩提、亦如冰之與水；為三毒所燒、即名眾生；為三解脫所淨、即名菩提。為三冬所凍、即名為冰；為三夏所消、即名為水。若捨卻冰、即無別水；若棄卻眾生、則無別菩提。明知冰性即是水性、水性即是冰性。眾生性者、即菩提性也。眾生與菩提同一性。亦如烏頭與附子共根耳、但時節不同、迷異境故、有眾生菩提二名矣！

自性眾生六識五陰與如來三身三菩提、亦如冰之與水。自性為「三毒」所燒、即名「眾生」；自性為「戒定慧三解脫」所淨、即名「菩提」。如水為「三冬」所凍、即名為「冰」；若冰為「三夏」所消溶、即名為「水」。若捨卻「冰」、即無別有「水」；若棄自性六識五陰眾生、則無別有如來三身三菩提。達摩在此分明示知「冰性（六識五陰眾生性）」即是「水性（佛性）」；「水性（佛性）」即是「冰性」（六識五陰眾生性）。「眾生性」者、即「佛菩提性」也。見性聖人、知六識五陰眾生、與佛三身三菩提、同是「一性」。亦如中藥之「烏頭」與「附子」、「冬蟲與夏草」、「遠志與小草」「鬼箭羽與天麻」、皆是共同一根而其名異耳！但因時節不同、一物而有二名或多名也。人迷於「異境」的緣故、而有「眾生與菩提」二名之分別矣！

是以蛇化為龍、不改其鱗；凡變為聖、不改其面。但知心者、智內；照身者、戒外。

是以、見性明心故、蛇化為龍、不改其身上有「鱗」；庸俗凡夫變為聖人、不改其「面貌外表」。但、知「四智菩提心」者、智在內照自性、密行如來第一義；小乘人觀照「自身六根六識」者、雖有持戒而修行於自性之外。

真眾生度佛、佛度眾生、是名平等。眾生度佛者、煩惱生悟解；佛度

眾生者、悟解滅煩惱。

見性修行、轉凡夫色身的六識五陰眾生為一真法界的「六元旋一、五蘊實相」四智菩提心的眾生、引度自性成佛、亦是以「佛一切種智」度脫自心無量顛倒妄想眾生、是名「平等法」。六識五陰眾生引度自性成佛者、是於煩惱之中生發智慧、悟佛知見、解脫自在；「佛一切種智」度脫自心無量眾生者、乃是由於悟佛一切種智、了解無生忍、而滅六識五陰一切無邊煩惱也。

是知非無煩惱、非無悟解。是知非煩惱無以生悟解；非悟解無以滅煩惱。

以是而知、見性聖人非無六識五陰煩惱、亦非無無生忍之悟解。以是而知、若非六識五陰煩惱為薪、無以生發無生忍悟解之慧火；若非無生忍無上正智正等正覺之悟解、無以滅凡夫六識五陰妄想煩惱、是故釋迦牟尼世尊曰：諸佛從本來、常處於三毒、長養於白法、而成於世尊。又曰：以煩惱為薪、智慧為火、作涅槃食。此之謂也。

若迷時、佛度眾生；若悟時、眾生度佛。何以故？佛不自成、皆由眾生度故！諸佛以無明為父、貪愛為母、無明貪愛、皆是眾生別名也。眾生與無明、亦如左掌與右掌、更無別也。

人若迷於妄惑時、佛知見引度眾生；若悟見性時、以六識五陰眾生引度自性成佛。何以故？無上正覺佛果、不自成就、皆是由於自心六識五陰煩惱眾生轉識成智引度之故！諸佛如來以無明（瞋、癡）為父、貪愛為母。無明貪愛皆是六識五陰煩惱眾生之別名也、「六識五陰煩惱眾生」與「無明三毒貪瞋癡」、亦如左掌與右掌同是一身一體、更無「別身別體」也。

迷時、在此岸；悟時、在彼岸。若知心空、不見相、則離迷悟。既離迷悟、亦無彼岸。如來不在此岸、亦不在彼岸、不在中流。中流者、

小乘人也。此岸者、凡夫也。彼岸者、菩提也。佛有三身者、化身報身法身。化身亦云應身。

見性之觀修、迷於「相」時、在「此岸」；悟圓明普照無心無相時、在「彼岸」。若知「四智菩提之心、圓明普照法性空寂」不見「我、人、眾生、壽者、法、等相」、則離「迷、悟」。既離「迷、悟」之相、入無生忍無上正覺、亦「無彼岸」之涅槃相、是故、般若心經云：無「無明」、亦無「無明盡」、乃至無「老死」、亦無「老死盡」、無「苦、集、滅、道」、無「智」亦「無得」以「無所、得」故、菩提薩埵。如來清淨法身、圓滿報身、百千億無量化身、不在「此岸」、亦不在「彼岸」、不在「中流」。「中流」者、觀六根持戒的小乘人也　。「此岸」者、著「心、相、法、悟、涅槃」之生死凡夫也。「彼岸」者、證無生法忍至無生忍之三菩提也。佛、有三身者「百千億無量化身、圓滿報身、清淨法身」、然而「佛性」本具「三身」而在「一體」、謂清淨法身含攝三身也。「化身」亦云「應身」。

若眾生常作善時、即化身。現修智慧時、即報身。現覺無為、即法身。常現飛騰十方、隨宜救濟者、化身佛也。若斷惑、即是雪山成道、報身佛也。無言無說、無作無得、湛然常住、法身佛也。若論至理、一佛尚無、何得有三？此謂三身、但據人智也。

若「六識五陰眾生」恒常作思惟諦觀「如來四十八願無量義一切善」行、其時即名為「百千億無量化身」、「思惟」即「成所作智」也。「諦觀」即「妙觀察智」也。現「平等性智」修如來四十八願智慧、能具足圓滿光明普照、其時即名為「圓滿報身」。現「覺無為大圓鏡智、永住無生法忍之久視不散」、即是「如來清淨法身」。常現「成所作智」飛騰十方、現「妙觀察智」隨宜救濟者、「化身佛」也。若能斷十八界分之惑、自性均等、無善惡、即是雪山成道圓明普照「平等性智」、「報身佛」也。無言無說、無作無得、不生不滅、不垢不淨、不增不滅、廣大無邊圓明寂照、湛然常住「大圓鏡智」不動不變、不移不易、「法身佛」也。若論「至真之理」一佛尚無、何得有三？此所謂「三身」者、但據人智而說有三也。

人有上中下說、下智之人、妄興福力、也妄見化身佛。中智之人、妄斷煩惱、妄見報身佛。上智之人、妄證菩提、妄見法身佛。上上智之人、內照圓寂、明心即佛、不待心而得佛智、知三身與萬法、皆不可取不可說、此即解脫心、成於大道。經云：佛不說法、不度眾生、不證菩提、此之謂矣！

人、有「上智、中智、下智」之說。「下智」之人、妄以身手興造福田、處處救濟援貧、施捨身力、也就自以邪妄之見、自稱「化身佛」、謂自己能救危濟貧、捐血髓器官用以助人、即是大慈大悲的佛菩薩化身、此「下等智」的人也。

「中智」之人、吃素拜佛、持戒修定、妄斷煩惱（六識五陰的靈明覺知）、以邪妄之見解、自謂如此修行、即是「報身佛」。「上智」之人、修「戒定慧」空亡六根六識五陰佛性、入于「頑空」、斷滅如來一切種智、妄謂自己證菩提、以狂妄邪見、自稱自謂已證「法身佛」。

「上上智」之人、知如來見性功德、內照自性、光明圓滿、清淨⑴寂滅、明「無生忍心」即是「佛金剛不壞清淨法身」、不待「過、現、未來、三心」而得「佛一切種智」、知「三身」與「⑵此岸、⑶彼岸、萬法」、皆「不可取相染礙」、不可背理妄說。此、即是「證無上解脫知見之無生忍心」、常住此心乃成於「無上三菩提大道」。經云：「佛、不向身外眾生說法、不度自心之外的眾生、不證自性空寂無生忍之外的菩提」此之謂矣！

⑴「寂滅」：謂寂一切法、滅一切相、心空法了也。

⑵「此岸萬法」：謂如來世尊化身為「儒、道、釋、耶、回」五

大教主、所設權宜方便一切萬法也。

(3)「彼岸萬法」：謂如來世尊所授「見性明心直了成佛第一義住」觀照法界性一切萬法也。

衆生造業、業不造衆生。今世造業、後世受報、無有脫時。唯有至人、於此身中、不造諸業故、不受報。經云：諸業不造、自然得道。豈虛言哉！人能造業、業不能造人；人若造業、業與人俱生；人若不造業、業與人俱滅。是知、業由人造、人由業生；人若不造業、即業無由生人也。亦如、人能弘道、道不能弘人。今之凡夫、往往造業、妄說無報、豈至少不苦哉？若以至少、而理前心、造後心報、何有脫時？若前心不造、即後心無報、復安妄見業報？

衆生（人）造善惡諸業、然而一切善惡諸業不會無故造在衆生身上。

凡夫今世造業、後世受報、無有脫離業報輪迴之時；唯有見性明無生忍心的至人、於此見性三身中、不造諸業故、此色身之後、不受後有之報。經云：「諸業不造、依佛見性自然得道」。豈虛言哉！人能造業、而業不能無故造在人的身上。人若造業、業與人俱生而成十二因緣；人若不造業、則宿世所造諸業與人俱滅、十二因緣亦滅。前述是義而知、業由人造、人之禍福由業力感召而生；人若不造業、即六道三途之業報無由生於人也。亦如、人能弘揚大道、而大道却不能弘揚任何人。今之凡夫、往往造業、妄自說言「善惡無報」、豈至少（業報根本不存在）不苦（絕不會有惡業之報）呢？若以至少（業報不存在）而不理之前所造罪過、生此邪妄惡毒之心、續造今後邪妄惡毒心與行為、衍成來世之業報、何有解脫之時！若能常住見性空寂之中、前心（過去心）不造善惡諸業、即後心（現在心與未來心）必無造業受報之事、復安妄見業報（又怎會起妄惑而出現業報呢）！？

經云：雖信有佛、言佛苦行、是名邪見。雖信有佛、言佛有⑴金鏘⑵馬麥之報、是名⑶信不具足、是名⑷一闡提。

大般涅槃經云：雖信人間有釋迦牟尼佛世尊出現、却言佛修諸苦行、如此之識、是名「邪見」、因為說此言之人、不識佛法、不深入經藏不解真實義。雖信人間有釋迦牟尼佛世尊蒞臨教化、却言佛有「金鏘、馬麥」之報、如此之識。是名「信不具足」。是名「一闡提」！

(1)「金鏘」：謂提婆達多（佛的堂兄）以木槍射佛；而不知提婆達多即是佛之分身、佛以此事而教化弟子、使弟子知因果業報是實有之事耳。

(2)「馬麥」：謂佛於食時、向眾托缽、有惡人以鏟挑馬糞入如來缽中以譏謗世尊；而不知挑馬糞入如來缽的惡人即是如來神力所變現、佛以此事而教化弟子、使弟子知因果業報無以倖免也。

(3)「信不具足」：謂雖信有佛、却不知真理實相而妄加譭謗如來第一義正法眼。

(4)「一闡提」：謂其人雖在佛門下、稱佛為師、穿佛法衣、食佛供養、卻口出狂言穢語、譭佛、謗佛正法。此類眾生、一失人身即入三途、百千萬億阿僧祇劫亦不能出、千佛出世不能救拔！

解聖法、名為聖人；解凡法、名為凡夫。但能捨凡法就聖法、即凡夫成聖人矣！

解「第一義、證無生忍聖法」名為「聖人」；解「八萬四千有為凡法」者、名為「凡夫」。但能「捨凡法」而「就聖法」者、即是「凡夫成聖人」矣！

世間愚人、但欲遠求聖人、不信慧解之心為聖人也。經云：無智人中、莫說此經。經云：心也、法也。無智之人、不信此心解法成於聖人、但欲遠外求學、愛慕空中佛像光明香色等事、皆墮邪見、失心狂亂。

世間愚昧的人、但欲向外遠求會通靈、有神力靈異的聖人、卻不信「自

「想陰盡」、「行陰」轉念而成「行陰盡」、「識陰」轉念而成「識陰盡」、將「五陰、顛倒妄想」扶正安立於如來五蘊實相之道是也。至於「一更、二更、三更、四更、五更」並非指「時辰」而言、而是指從「色陰」的轉念、深入「受陰」的轉念……。「更」字即是「轉識成佛智」的「轉念」「更變」之義。今以句解而闡「夜坐偈」之義。

一更端坐結跏趺、

第一、先轉色陰成佛智、先宜端坐念實相。

怡神寂照泯同虛、

身心全都放鬆、雙眼微開、含神不露、依世尊所教「見性」正法眼藏寂心觀照、泯滅一切雜念、心量廣大如同虛空無邊無際的思惟憶念諦觀真如法性。

曠劫由來不生滅、

真如法性從無始劫以來不生不滅。

何須生滅滅無餘？

何必以生滅之心、欲滅六識五陰煩惱、著相修行呢？

一切諸法皆如幻、

六識五陰一切煩惱、於諦觀見性之中、自然轉化。

本性自空那用除？

思惟諦觀如來法界性、妙在其中觀細微、細微深處即是空、何須起心去除六識五陰煩惱？

若識心性非形像、

如果能知四智菩提心與如來法界性都是無形無像、惟在自己一心。

湛然不動自真如！

心性如水澄清不動、自性真如即時顯現。以上是「色陰轉為色蘊實相」、因為初轉如來大乘法輪、故曰「一更」。

二更凝神轉明淨、

第二、轉受陰成佛智、須凝神專一、以成所作智轉六識五陰之功用、成為極樂世界無量光明淨土。

不起憶想同真性、

諸妄自然不起、專精凝神憶想如來法界性、此心即同一真法性。

森羅萬象併歸空、

心量廣大、總持極樂世界一切光明莊嚴無量萬象、細觀諦審即歸無礙真空。

更執有空還是病！

若不悟如來法性智無窮、妙在其中觀細微、細微深處即是空、空中包萬象的至理；更執另有空心 空相 空法者、其人雖修禪功、還是病於著相、不了解如來真空實相之至理。

諸法本自非空有、

見性諸法、本從四智自性而生、非空非有。

凡夫妄想論邪正、

愚昧的生死凡夫、不知四智自性之心包羅萬象、飛騰變化非空 非有、竟起諸妄想、口出狂言譭謗正法。

若能不二其居懷、

若人能以專精一門深入、見性諦觀不退不轉。

誰道即凡非是聖。

誰說在凡間如此修行的人、只是一個平庸凡夫、不是極樂世界中的菩薩摩訶薩呢！。以上是「受陰」轉為「受蘊」實相、故曰：「二更」也。

三更心淨等虛空、

第三、轉想陰成佛智、須凝神諦觀如來法界性、令心清淨如虛空。

徧滿十方無不通、

運施自性的三身四智五眼、令極樂世界無量妙景、徧滿十方無量法界、通達無礙。

山河石壁無能障、

不為自身之執所惑、不為周圍環境所障礙、五眼同觀、無著無礙、具足照了。

恒沙世界在其中、

只見極樂世界平坦曠蕩不可限極、無量寶地俱時顯現。一一寶地中各五百億宮殿樓閣、八萬四千棵七寶樹；八如意珠王、一百二十座七寶支池。各七寶支池中各有六十億七寶蓮華；如意珠王閃電打雷噴射甘露、又化出百寶色鳥。寶樹上空有華蓋、華蓋上空有七重羅網、一一網間有五百億樓閣。七重羅網上空又有七重七色明月組成大光明臺、一一光明臺上各有五百億樓閣…是為一佛世界；無量恒河沙佛世界、盡在思惟憶念諦觀中為自性所攝。

世界本性真如性、

無量恆沙佛世界若顯現於自心自性中、即名見本性、即是真如性顯現。

亦無無性即含融、

世尊謂法空　性空、並非一切皆空蕩無存之空、係具足佛智而無礙謂之空、是故如來示現為達摩入中國宣揚見性第一義諦、而在此曰「亦無無性即含融」、無字即是空之義；亦空空性謂空性亦不可執取、若執取空性之相、即非如來種智也。

非但諸佛能如此、

諸佛皆如來神力所示現、釋迦如來於大乘經中常言諸佛、即是釋迦如來本尊之謂。見性第一義阿耨多羅三藐三菩提法、非僅諸佛如來能見能行。

有情之類並皆同。

見性成佛無上乘法、非僅如來所示現十方三世一切佛能見能行；一切有情眾生、只要能聞能信、皆能見能行必能成佛。

以上是「想陰」轉為「想蘊實相」之心法、故曰：「三更」。

四更無滅亦無生、

第四、轉行陰成佛智、諦觀如來極樂境、心如虛空、無不含攝、平等圓滿、光明普照、不生不滅。

量與虛空法界平、

心量無邊、無量虛空、如來法界性平等俱足圓明顯現。

無去無來無起滅、

平等性智起大妙用、念而無念、平等顯現如來法界性、心無去無來、意無起無滅。

非有非無非暗明、

如來法界性、非是有質之物、非是虛幻之境、非在暗處隱藏、非在明處可肉眼見。

不起諸見如來見、

不起「色、質、遠、近、前、後、左、右、上、下、內、外、明、暗、虛、實、晝、夜」等十八界分之我見。不起分別為他的人見。不起雜亂妄想之眾生見。不起「貪、瞋、癡、趨善排惡、所知障、顛倒、迷執」之壽者見。不起「經書文字」之法見。不起「外道邪說」之非法見。而能平等顯見如來極樂世界無量妙義、名為「如來見」。

● 佛知見：謂如來知（如來十力正徧知也）、與如來見也。

● 今釋十八界分如後：

色界分：謂極樂世界（如來法界性）中、無量光色、絢麗燦爛、雜廁交錯；若以我相之執心而為觀察、則為單一或二或三之光色境所惑、而不能盡見盡知。故曰「色界分」。

質界分：謂如來法界性（極樂世界）中、有無量質物、例如：七寶地、七寶池、七寶沙、七寶樹、七寶樓閣、七寶網、七寶光明臺、七寶宮殿⋯等、無量無邊無數；若「我身」之「身智」未除、以「我相」之執著而為觀察、則為少數之境所惑、而不能盡見盡知。故曰「質界分」。

遠界分：謂如來法界性、豎窮三際時橫遍十方處、無遠弗屆；若「我身」之「身智」未除、以「我相」之執著心觀察、則為「身智」所惑、而不能盡見盡知。故曰「遠界分」。

近界分：謂如來法界性（極樂世界）中、妙景殊境無量無邊無數、不論近遠無不徧滿充斥；若「我身」之「身智」未除、以「我相」之執著心而為觀察、則為「身智」所惑、而不能盡見盡知。故曰「近界分」。例如：數寸之外能見、近於眼睫而不能見、不知自身將安立於何處也！

前界分：謂如來法界性（極樂世界）妙景殊境無量無邊無數、十方無量遠近無不徧滿；若「我身」之「身智」未除、以「我相」之執著心向前觀察、則僅見前面不遠處之境、餘者皆不能見不能知。故曰「前界分」。

後界分：謂如來法界性（極樂世界）妙景殊境無量無邊無數、十方無量遠近無不充斥徧滿；若「我身」之「身智」未除、以「我相」之執著心向後方觀察、則僅見後方不遠處之境、餘者皆不能見不能知。故曰「後界分」。

左界分：謂如來法界性（極樂世界）中、妙景殊境無量無邊無數、十方無不徧滿、若「我身」之「身智」未除、以「我相」之執著心向左觀察、則僅見左方小部份之境、餘者皆不能見不能知。故曰「左界分」。

右界分、上界分、下界分：皆是「我身」之「身智」未除、以「我相」之執著心向其方觀察、則僅見其方小部份之境、於如來法界性不能盡見盡知也。

內界分：謂觀如來法界性（極樂世界）時、執著法界性是在自己身內；或僅能見極樂世界中任何「寶樹、樓閣、宮殿、蓮華…」等事物之表面、而不能透見其裡面、不能盡見盡知。是也。

外界分：謂觀如來法界性（極樂世界）時、執著法界性是在自己身外；或僅將心置於極樂世界中任何事物的裡面而為觀察、則於無量無邊無數的如來智慧、不能盡見盡知。故曰「外界分」。

明界分：謂觀如來法界性（極樂世界）時、心執著於心須在「空曠處、明亮處、燈光中」的光明處所才能顯見如來法界性之事物、我相未除故、致心眼生障、於餘處所皆不能見、不能知、不能入於如來法性中修行、曰「明界分」。

暗界分：謂觀如來法界性（極樂世界）時、心執著於必須在「暗房中、暗藏處」的黑暗處所才能顯見如來法界性之事物；於餘處所皆不能見、不能知、不能入於如來法界性中修行、此皆我相未除之故、致令心眼生障、名曰「暗界分」。

虛界分：謂觀如來法界性（極樂世界）時、心執著於極樂世界無量殊境妙景皆是虛擬無實之事物、執著於僅如看電影的螢幕一般、毫無實體、此皆「我相」未除之故、致心眼生障、是以在虛透無物之中不能具足盡見盡知如來法性無量智慧。曰「虛界分」。

實界分：謂觀如來法界性（極樂世界）時、心執著於極樂世界無量殊境妙景皆是如人間一切造作有為的實體、致令心眼生障無法洞徹照見十方無量無邊無數如來法性一切智慧。此因「我相」未除故、曰「實界分」。

晝界分：謂觀如來法界性（極樂世界）時、心執著於必須在白晝之時間裡才能顯現如來法界性一切殊境妙景；甚至有執著必須於「卯、午」二時才能修行之者。此皆「我相」未除故、心眼生障、餘時皆不能修行見性佛道。故曰「晝界分」。

夜界分：謂觀如來法界性（極樂世界）時、心執著於必須在夜間的時段裡才能顯見如來法界性一切殊妙事物；甚至執著於必須在「酉、子」二時才能修行之者。此皆「我相」未除故、心眼生障、餘時皆不能修行見性佛道。故曰「夜界分」。以上十八界分、皆是我執我相所知障。

無名可名真佛名、

如來見性無上乘佛道、如來法界性中無量無邊無數如來智慧、可循如來見性正法眼之真口訣修行、而致盡見盡知通達無礙的妙境、却是無法用筆墨及口說而具足名之；惟有以四智菩提循如來藏見性密行始能通達。故曰「無名可名真佛名」。

唯有悟者(1)應能識、

此無上甚深微妙法、唯有「悟見性佛道」的人、與佛大智慧海相應之時、方能盡見盡知、洞徹無礙。

(1)應：謂見性而與佛大智慧海相應也。

(1)**未會**(2)**眾生**(3)**由若盲。**

尚未知見性、未能見性、未能相應的一切人等、對於五陰六識轉為五蘊實相的真諦、猶如瞎盲一般、無識無知也。

(1)未會：謂尚未相應。

(2)眾生：㈠能聞法的人類係從「天道、人道、畜道、鬼道、地獄道、修羅道」中來投生、是名「眾生」。㈡指自性中的五陰六識。

(3)由：此時作「真諦」解釋。

五更般若照無邊、

第五、轉識陰成佛智、從平等性智入于大圓鏡智、般若智慧圓明普照無邊際。

不起一念歷三千、

二更之成所作智與三更之妙觀察智皆由「思惟、憶念」而成；從四更之平等性智即入無念而念的無為大法、不起一念而萬念具足、具真、此即中道智也。故曰：不起一念歷三千。

欲見真如平等性、慎勿(1)生心即目前、

欲要見到不偽不虛不移不易圓滿具足的平等性智、必須忘我無相無為、無念而念、就在當下具足顯現、具足照徹、久視不散。故曰：欲見真如平等性、慎勿生心即目前。

(1)生心：謂生出「我相、人相、眾生相、壽者相、過去心、現在心、未來心」。

妙理玄奧非心測、不用尋逐令疲極、

四智菩提見性的微妙至理、豎窮三際時橫遍十方處；法性空寂微妙境地非是凡夫用心所能推測得知；只要能遇住世三寶真善知識、妙語點破即在自性自有、不須日日向外馳求「歸依、受戒、灌頂、朝山、拜懺、打七……」種種初發意所行外道、致令身心俱疲、而於佛至道終無所獲。

若能無念即真求、

佛之至道、佛之法性永不變異是也、從初乾慧心起四智菩提、由初禪（不空）成所作智之思惟、進入二禪（不即）妙觀察智之諦觀；前所說兩禪兩智尚在「念」的境界中。當深入三禪（清淨圓明）平等性智之中道禪定時、已入于「念而無念、平等俱足」的無為境地；續再止於四禪之（不離）大圓鏡智的大般涅槃金剛三昧時、離相離空、一念不生、三身一體、五眼同明、圓明寂照、無量妙義會歸一真空之理、即是如來金剛不壞不生不滅光明清淨法身。以是義故、達摩佛祖曰：

若能無念即真求。

更若有求還不識。

若有人讀完此悟性論、尚不覓已見性真善知識、尚不恭敬咨請見性無上佛道、尚不於自性中時時密行見性佛道；竟而向外馳求人天福報、天天日日去做人天小善的施捨救濟或義工、或辦各種法會以求來世人天福報者、如是諸人、不是菩薩、僅是初發意之人、是以尚不能修行如來見性成佛的無上道；如如來世尊於大乘經中云：如是諸人、皆是初發意者、從惡道中來、宿殃未盡、未當度脫故、於如來無上至道、不起信心、不趣向修行。如是諸人雖說信佛、以信不具足故、往後生生世世受無量苦、沉淪惡道、無有出期。

達摩悟性論　終

達摩破相論・真實義

達摩破相論

（菩提達摩原著）山海慧註於西元二〇二一年七月

問曰：若復有人志求佛道者、當修何法最為省要？

問曰：如果有人志心求佛道欲成佛者、該修什麼法、最為省事及重要？

答曰：唯觀心一法、總攝諸法、最為省要！

答曰：唯有觀心一法（觀如來真如本心一法）、總攝一切諸法、最為省事及重要！

問曰：何一法能攝諸法？

問曰：為什麼一法能攝一切法？

答曰：心者萬法之根本、一切諸法唯心所生，若能了心、則萬法俱備、猶如大樹、所有枝條、及諸花果、皆悉依根。栽樹者、存根而始

生子；伐樹者、去根而必死。若了心修道、則少力而易成；不了心而修、費功而無益。故知一切善惡皆由自心。心外別求、終無是處。

答曰：心是一切萬法的根本、一切善惡諸法都從心而生；若能了解真如本心及四智菩提心、則佛之萬法俱備、猶如一棵大樹、所有枝條、及諸葉花果皆悉依於樹根。栽種樹木者、有樹根才能長大開花結果；砍樹的人、去掉樹根而樹必死矣！若了解真如本心及四智菩提心而修佛道、則省掉很多力量而易成佛；若不了解真如本心及四智菩提心而修佛道、例如：唸佛、打七、誦經、禮拜……等等、費盡一生功夫而無益。故知一切善惡皆由自心所生出。若真如本心及四智菩提心之外求佛及求佛法者、終其一生、無一是處。

問曰：云何觀心稱之為了？

問曰：為什麼觀心一法、稱為了解佛道之法？

答曰：菩薩摩訶薩、行深般若波羅蜜多時、了四大五陰本空無我；了見自心起用、有二種差別。云何為二？一者淨心、二者染心。此二種心法、亦自然本來俱有、雖假緣合、互相因待。淨心恆樂善因、染體常思惡業。若不受所染、則稱之為聖。遂能遠離諸苦、證涅槃樂。若墮染心造業、受其纏覆、則名之為凡、沉淪三界、受種種苦。何以故？由彼染心、障真如體故。十地經云：眾生身中有金剛佛性、猶如日輪、體明圓滿、廣大無邊；只為五陰重雲所覆、如缾內燈光、不能顯現。又涅槃經云：一切眾生悉有佛性、無明覆故、不得解脫。佛性者、即覺性也。但自覺、覺他、覺知明了、則名解脫。故知一切諸善、以覺為根；因其覺根、遂能顯現諸功德樹。涅槃之果德、因此而成。如是觀心、可名為了。

答曰：菩薩摩訶薩、修行深入智慧到彼岸無量義時、觀知自身地水火風乃四大假合。色受想行識在本性中空寂無我；明了一切皆是自心起用、但有二種分別。為什麼分為兩種？一者清淨心、二者染著心。此兩種心法、亦自生出之時本來俱有；雖衍生於因緣合和、互相為因對待。清淨心永遠安樂於善因緣。染著心、念念常思念惡業。若不受所染著於惡業、則被稱之為聖人、遂能遠離一切苦、證不生不滅之安樂。若墮落染著之心造惡業、受他的糾纏顛覆光明的本性、則名為凡夫、沉淪貪瞋癡、受種種苦報。什麼緣故呢？由彼染著之心、障覆真如體故！十地經云：眾生身中有金剛(不生不滅不染不壞)的佛性、猶如太陽、體明圓滿、廣大無邊；只因為被色受想行識五陰重雲所覆蓋、如缾內燈光、不能顯現。

又涅槃經云：一切眾生悉有佛性、無明(貪瞋癡)覆蓋的緣故、因此不得解脫生死輪迴。佛性者、即是靈覺之性也。但自覺(自證無生法忍）、覺他（以自覺之道來覺化眾生）、覺知（自覺、覺他、證無生忍）、則名為解脫。故知一切諸善、以覺悟為根、因其覺性根深、遂能顯見諸功德的大樹。不生不滅之正果與道德、因此而成。如這樣觀心、可謂明了佛道。

問：上說真如佛性、一切功德、因覺為根、未審無明之心、以何為根？

問曰：上面所說的真如佛性、一切功德、因覺悟為根、不知無明之心、以什麼為根？

答：無明之心、雖有八萬四千煩惱情欲、及恆河沙眾惡、皆因三毒以為根本、其三毒者、貪瞋癡是也。此三毒心、自能具足一切諸惡。猶如大樹、根雖是一、所生枝葉其數無邊。彼三毒根、一一根中、生諸惡業、百千萬億、倍過於前、不可為喻。如是三毒心、於本體中、應現六根、亦名六賊、即六識也。由此六識、出入諸根、

貪著萬境、能成惡業、障真如體、故名六賊。一切眾生、由此三毒六賊、惑亂身心、沉沒生死、輪迴六趣、受諸苦惱；猶如江河、因小泉源、洎流不絕、乃能彌漫、波濤萬里。若復有人斷其本源、即眾流皆息。求解脫者、能轉三毒為三聚淨戒、轉六賊為六波羅蜜、自然永離一切諸苦。

答曰：無明之心、雖有八萬四千種的煩惱情欲、及恆河沙數般的眾惡、皆因三毒以作為根本、那個三毒就是貪瞋癡是也。此三毒之心、自能俱足一切諸惡。猶如大樹、根雖是一種、所生枝葉其數無邊。那個三毒根、一一諸根之中、生諸惡業、百千萬億、倍過於前、無法可說。如是三毒心、於人本體中、應現於眼耳鼻舌身意六根之上、亦名為六賊、即是色聲香味觸法六識是也。由此色聲香味觸法、出入於眼耳鼻舌身意諸根、貪著萬境、能成惡業、障蔽真如本心的大光明體、因此名為六賊。一切眾生由此三毒六賊、惑亂自己的身心、沉沒生死之中、輪迴於天道、阿修羅道、人道、畜生道、鬼道、地獄道等六道。受諸苦惱；猶如江河、因眾多的小泉源、洎流不息、乃能瀰漫成大江河、甚至波濤萬里。如果有人斷其三毒六賊之本源、如斷一切小泉源者、即眾流皆息。求解脫六道輪迴者、能轉三毒為戒定慧、轉六賊為、持戒、布施、忍辱、精進、禪定、般若智慧等六波羅蜜、自然永離一切諸苦。

問：六趣三界廣大無邊、若唯觀心、何由免無窮之苦？

問曰：三界六道廣大無邊、如果只觀真如本心、何能免無窮之苦？

答：三界業報、唯心所生、(1)本若無心、於三界中即出三界。其三界者、即三毒也；貪為欲界、瞋為色界、癡為無色界、故名三界。由此三毒、造業輕重、受報不同、分歸六處、故名六趣。

(1)本若無心：謂自性若無貪瞋癡的心。

問：云何輕重、分之為六？

問：什麼是輕重、為什麼分為六道？

答：眾生不了正因、迷心修善、未免三界、生三輕趣。云何三輕趣？所謂迷修十善、妄求快樂、未免貪界、生於天趣。迷持五戒、妄起愛憎、未免瞋界、生於人趣。迷執有為、信邪求福、未免癡界、生阿修羅趣。如是三類、名三輕趣。云何三重？所謂縱三毒心、唯造惡業、墮三重趣。若貪業重者、墮餓鬼趣；瞋業重者、墮地獄趣；癡業重者、墮畜生趣。如是三重、通前三輕、遂成六趣。故知一切苦業由自心生；但能攝心、離諸邪惡、三界六趣輪迴之苦、自然消滅、離苦即得解脫。

答：眾生(人類)不了悟正因、迷心修諸善業、未免三界受苦、生於三輕趣之中。什麼是三輕趣呢？所謂迷信而修於十善、不殺生、不偷盜、不邪淫、不妄語、不兩舌、不惡口、不綺語、不貪慾望、不亂生瞋怒、不癡迷亂信、妄心能求快樂、如此未免在貪界中、生於天趣、而為諸天。眾生迷持五戒、不殺生、不偷盜、不邪淫、不妄自稱聖、不食煙酒及迷幻藥、但妄起貪愛憎恨之心、未免瞋界受苦、生於人間受苦。眾生迷執一切有為法、信一切邪教邪術、妄求福報、未免隨於癡界中受苦、生阿修羅道之中、常與鬼神及人畜爭鬥。如此三類、名為三輕趣。

什麼是三重業呢？所謂縱三毒心、唯造一切惡業者、必墮三重趣中、受無量苦。若貪業重者、墮餓鬼趣中、比如野狗以及飢餓的國度或家庭、腹中飢餓、又令人瞧不起而驅趕、受此惡業之報。瞋忿心業重的人、墮地獄道受地獄刑罰的一切苦報。癡業重者、墮畜生道中、受苦、弱肉強食及刀途、血途、火途之苦報。如是三重業、合前所說三輕業、遂有六趣。故知一切苦業由自心生出；只要能收攝自心、離一切邪惡、三界六趣輪迴之苦、自然消滅、能離一切苦、即得解脫生死輪迴。

問：如佛所說、我於三大阿僧祇劫、無量勤苦、方成佛道；云何今說、唯只觀心、制三毒、即名解脫？

問：如佛所說：我於三大阿僧祇劫、無量勤苦、方成佛道；為什麼達摩今說、唯只觀心、制三毒、即可解脫生死輪迴？

答：佛所說言、無虛妄也。阿僧祇劫者、即三毒心也；(1)胡言阿僧祇、漢名不可數。此三毒心、於中有恆沙惡念、於一一念中、皆為一劫、如是恆沙不可數也、故言三大阿僧祇。真如之性、既被三毒之所覆蓋、若不超彼三大恆沙毒惡之心、(2)云何名為解脫？今若能轉貪瞋癡等三毒心、為(3)三解脫、是則名為得度三大阿僧祇劫。

末世眾生愚癡鈍根、不解如來三大阿僧祇秘密之說、遂言(4)成佛塵劫未期、豈不(5)疑誤行人退菩提道。

(1)胡言：西天竺語言。

(2)云何名為解脫：又怎麼說是解脫生死輪迴？

(3)三解脫：即戒定慧也。

(4)成佛塵劫未期：要想成佛、無量劫都不可能。

(5)疑誤行人退菩提道：讓修學佛道的人望而卻步、而退佛之無上大道。

問：菩薩摩訶薩由持三聚淨戒、行六波羅蜜、方成佛道；今令學者唯只觀心、不修戒行、云何成佛？

問：一切成佛的大菩薩、皆由於持戒定慧三聚淨戒、及行持戒、布施、忍辱、精進、禪定、般若智慧此六波羅蜜、才能成就佛道；今令學佛之人唯只觀如來真如本心一法、不修一切戒行(即是見性自修的三聚淨戒、六波羅蜜)、怎麼可能成佛？

答：三聚淨戒者、即制三毒心也。制三毒成無量善聚。聚者會也、無量善法普會於心、故名三聚淨戒。六波羅蜜者、即淨六根也。胡名波羅蜜、漢名達彼岸；以六根清淨、不染六塵、即是度煩惱河、至菩提岸、故名六波羅蜜。

答：戒定慧三聚淨戒者、即是治貪瞋癡三毒心之妙方也。制貪瞋癡三毒即成無量善因緣聚集。聚者聚會也、無量善法普會於意識中、故名三聚淨戒。六波羅蜜者(持戒、布施、忍辱、精進、禪定、般若智慧)即是淨眼耳鼻舌身意六根也。西天竺所謂波羅蜜、華語稱之為到彼岸；以六根清淨、不染色聲香味觸法六塵、即是度煩惱河、至不生不滅無上大道之岸、故名六波羅蜜。

問：如經所說：三聚淨戒者、誓斷一切惡、誓修一切善、誓度一切眾生。今者唯言制三毒心、豈不文義有乖也？

問：如佛經所說：戒定慧三聚淨戒者、是誓斷一切惡念惡行、誓修一切善法、誓度自身一切眾生（非身外之眾生）。今只唯說制貪瞋癡三毒心、不是文與義有所乖離嗎？

答：佛所說是真實語。菩薩摩訶薩、於過去因中修行時、為對三毒、發三誓願、持一切淨戒、對於貪毒。誓斷一切惡、常修一切善、對於瞋毒。誓度一切眾生、故常修慧、對於癡毒；由持如是戒定慧等三種淨法、故能超彼三毒成佛道也。諸惡消滅、名為斷。以能持三聚淨戒、則諸善具足、名之為修。以能斷惡修善、則萬行成就、自它俱利、普濟群生、故名解脫。則知所修戒行、不離於心、若自心清淨、則一切佛土皆悉清淨。故經云：心垢則眾生垢；

心淨則眾生淨；欲得佛土、當淨其心、隨其心淨、則佛土淨也。三聚淨戒自然成就。

答：佛所說皆是真實語。菩薩摩訶薩於過去世因緣中修行時、為了應對三毒而發三誓願、持一切淨戒、以應對貪毒之心。而誓斷一切惡念惡行、常修一切善、以應對瞋毒之心。誓度一切眾生(自身的眾生心)以應對愚痴之毒。由如是持戒定慧等三種淨法、故能超越那三毒心而成佛道也。諸惡消滅名為斷一切惡。以能持三聚淨戒、則一切善因善果具足、故名為修行。以能斷惡修善、則佛之萬行成就、自利利他普濟群生、這就叫真解脫。則知所修一切戒行、不離於心。若自心淨、則能觀見極樂世界一切佛土皆自然顯現清淨。故經云：心垢污則自心一切皆垢穢；心清淨則自心一切皆清淨、修觀無量壽佛經、一切自然具足顯現；欲得大圓鏡智顯見佛的極樂世界、必當先純淨自心、隨其心淨、則佛土自然顯見也。戒定慧三聚淨戒自然成就、不必向外求也。

問曰：如經所說、六波羅蜜者、亦名六度；所謂布施持戒忍辱精進禪定智慧。今言六根清淨、名波羅蜜者、若為通會、又六度者、其義如何？

問：如佛經中所說、六波羅蜜者、又名為六度、所謂布施、持戒、忍辱、精進、禪定、般若智慧。今只言六根清淨、就叫做六波羅蜜、如果說是相同的話、那麼六度又如何解釋呢？

答：欲修六度、當淨六根、先降六賊。能捨眼賊、離諸色境、名為布施。能禁耳賊、於彼聲塵、不令縱逸、名為持戒。能伏鼻賊、等諸香臭、自在調柔、名為忍辱；能制口賊、(1)不貪諸味、讚詠講說、名為精進；能降身賊、(2)於諸觸慾、湛然不動、名為禪定；

能調意賊、不順(3)無明、常修(4)覺慧、名為智慧。六度者、運也、六波羅蜜喻若船筏、能運眾生、達於(5)彼岸、故名六度。

(1)不貪諸味、讚詠解說：不貪食一切美味、不妄語、不兩舌、不惡口、不綺語、讚詠佛道、解說佛法。

(2)於諸觸慾、湛然不動：於身之慾(色)、湛然而不動。

(3)無明：貪瞋癡也。

(4)覺慧：佛大智慧也。

(5)彼岸：謂不生不滅、金剛不壞之極樂世界也。

問：經云：釋迦如來、(1)為菩薩時、曾飲三斗六升乳糜、方成佛道。先因飲乳、後證佛果、豈唯(2)觀心得解脫也？

(1)為菩薩時：修道尚未成佛之時。

(2)觀心：於自性中觀如來的真如本心．即是於清淨心中、諦觀於觀無量壽佛經中的極樂世界也。

答：成佛如此、言無虛妄也；必因食乳、然始成佛。言食乳者、有二種、佛所食者、非是世間不淨之乳、乃是清淨法乳；三斗者、三聚淨戒。六升者、六波羅蜜。成佛道時、由食如是清淨法乳、方證佛果。若言如來食於世間和合不淨牛羶腥乳、豈不謗誤之甚。真如者、自是⑴金剛不壞、無漏法身、永離世間一切諸苦、豈須如是不淨之乳、以充飢渴。經所說、其牛不在高原、不在下濕、不食穀麥糠麩、不與⑵特牛同群；其牛身作⑶紫磨金色。言牛者、⑷毗盧舍那佛也。以大慈悲、憐愍一切、故於⑸清淨法體中、出如是三聚淨戒六波羅蜜微妙法乳、養育一切求解脫者。如是真淨之牛、清淨之乳、非但如來飲之成道、一切眾生若能飲者、皆得⑹阿耨多羅三藐三菩提。

⑴金剛不壞、無漏法身：就是不生不滅不壞、永不落於生死的法身。

(2)牸牛：就是一般的牛。
(3)紫磨金色：就是黃金被日光所照、發出的紫金色。
(4)毘盧舍那佛：就是阿彌陀佛。
(5)清淨法體：是指佛的清淨法身。
(6)阿耨多羅三藐三菩提：就是廣大無邊正法眼藏(ㄗㄤˋ)戒定慧六波羅蜜具足、自覺覺他覺行圓滿。

問：經中所說、佛令眾生修造伽藍、鑄寫形像、燒香散花燃燈、晝夜六時遶塔行道、持齋禮拜、種種功德皆成佛道；若唯觀心、總攝諸行、說如是事、應虛空也。

問：法華經中說：佛令眾生修造寺院、塑形畫像、燒香散花、燃燈供養、晝夜六時遶塔行道、持齋禮拜、如是種種功德皆可成佛道；若唯觀心、謂能總攝諸行、那佛所說那些事、不就全是騙人的嗎？

答：佛所說經、有無量方便、以一切眾生鈍根狹劣、不悟甚深之義、所以(1)假有為、喻無為；(2)若復不修內行、唯只外求、希望獲福、無有是處。

● **言伽藍者、(3)西國梵語、(4)此土翻為(5)清淨地也；若永除三毒、(6)常淨六根、身心湛然、內外清淨、是名修伽藍。**

(1)假有為、喻無為：就是假借有為的事、來比喻無為的修行。

(2)若復不修內行、唯只外求、希望獲福、無有是處：就是說、如果不見性內行、唯只外求一切有為的事、希望求得福報、什麼都不對的。

(3)西國梵語：就是古印度的語言。

(4)此土：謂中國的語言。

(5)清淨地：即是塔廟寺院等。

(6)常淨六根：謂見性令六根清淨。

● 鑄寫形像者、即是一切眾生求佛道也；(1)所為修諸覺行、彷像如來真容妙相、(2)豈遣鑄寫金銅之所作也？是故求解脫者、以身為爐、以法為火、以智慧為巧匠、三聚淨戒、六波羅蜜、以為(3)模樣；鎔鍊身中真如佛性、遍入一切戒律(4)模中、如教奉行、一無漏缺、自然成就真容之像。所謂究竟常住微妙色身、非是有為敗壞之法。若人求道、不解如是鑄寫真容、憑何輒（自）言功德？

(1)所為修諸覺行：就是所謂修一切佛的至道。

(2)豈遣：就是豈是教人。

(3)模樣：就是榜樣。

(4)模中：就是模型之中。

● 燒香者、亦非世間有相之香、乃是無為正法之香也。薰(1)諸臭穢無明惡業、悉令消滅。其正法香者、有其五種：一者戒香、所謂能斷諸惡、能修諸善。二者定香、所謂深信大乘、心無退轉。三者慧香、所謂常於身心、內自觀察。四者解脫香、所謂能斷一切無明結縛。五者解脫知見香、所謂(2)觀照常明、通達無礙。如是五種香、名為最上之香、世間無比。(3)佛在世日、令諸弟子以智慧火、燒如是無價珍香、供養十方諸佛。今時眾生不解如來真實之義、唯將外火燒世間沉檀薰陸質礙之香、希望福報、(4)云何得？

(1)諸臭穢無明惡業：就是一切邪惡之業。

(2)觀照常明：就是觀於觀無量壽佛經中、令一切圓明、如觀自己掌中。

(3)佛在世日：謂釋尊在人間的時候。

(4)云何得：謂怎麼能得到呢。

● 散花者、義亦如是、所謂常說正法諸功德花、饒益有情、散沾一切、於(1)真如性、普施莊嚴。此功德花、佛所讚歎、究竟常住、無彫落期。若復有人散如是花、獲福無量。若言如來令眾生、剪截繒彩、傷損草木、(2)以為散花、無有是處。所以者何？持淨戒者、於諸天地森羅萬像、不令觸犯；誤犯者、猶獲大罪、況復今者故毀淨戒、傷萬物求於福報、(3)欲益返損、豈有是乎？

(1)真如性：真者不假、如者不移不易；謂真實不虛不移不易之佛性。

(2)以為：就是認為。

(3)欲益返損、豈有是乎：是在說、想得福報、反受罪譴、豈有這樣的道理？

● 又長明燈者、即正覺心也、(1)以覺明了、喻之為燈；是故一切求解脫者、以身為燈臺、心為燈炷、增諸戒行、以為添油、智慧明

達、喻如燈火。當燃如是真正覺燈、照破一切無明癡暗。能以此法、轉相開示、即是一燈燃百千燈、以燈續燃、燃燈無盡、故號長明。過去有佛、名曰燃燈、義亦如是。愚癡眾生、不會如來方便之說、⑵專行虛妄、執著有為、遂燃世間蘇油之燈、⑶以照空室、⑷乃稱依教、豈不謬乎！⑸所以者何？佛放眉間一毫相光、上能照萬八千世界、⑹豈假如是蘇油之燈、⑺以為利益。審察斯理、⑻應不然乎！

(1)以覺明了：是說因為自覺、覺他、覺知明了。

(2)專行虛妄：謂專作一些有為、產生妄想、一切成空也。

(3)以照空室：謂人點燈於佛像之前、只是照亮那個沒有人的空房間。

(4)乃稱依教：竟自妄稱那是依循如來的教誨。

(5)所以者何：為什麼呢？

(6)豈假如是蘇油之燈：是說豈有須假借那種世間蘇油之燈來照亮一切。

(7)以為利益：是說作為利益眾生及自己獲福報的利益。

(8)應不然乎：是謂應該不是這樣也。

● **又六時行道者、所謂六根之中、於一切時、(1)常行佛道、修諸覺行、調伏六根、(2)長時不捨、名為六時。**

(1)常行佛道、修諸覺行：謂必須恆常修觀如來本心（觀無量壽佛經中的一切佛梵行）。

(2)長時不捨：謂二六時中、常行見性、不可須臾離也。

● **遶塔行道者、塔是身心也、當令(1)覺慧巡遶身心、念念不停、名為遶塔。過去諸聖、皆行此道、(2)得至涅槃。今時世人、(3)不會此**

理、(4)曾不內行、唯執外求、將質礙身、遶世間塔、(5)日夜走驟、徒自疲勞、而於(6)真性、一無利益。

(1)覺慧：謂佛之大智慧、即觀無量壽佛經中的一切。
(2)得至涅槃：謂到達不生不滅的境地。
(3)不會此理：就是不明白這個道理。
(4)曾不內行：謂完全不內自見性修行。
(5)日夜走驟、徒自疲勞：謂日夜馳走、增加自己的疲勞。
(6)真性：即是自身的真如佛性。

● **又持齋者、當須會意、不達斯理、(1)徒爾虛切。齋者齊也、所謂齋正身心、不令散亂。持者護也、所謂於諸戒行、如法護持。必須外禁六情、內制三毒、勤覺察、淨身心。(2)了如是義、名為持齋。又持齋者、食有五種：一者、法喜食、所謂依持正法、歡喜奉行。二者、禪悅食、所謂(3)內外澄寂、身心悅樂。三者、念食、**

所謂常念諸佛、心口相應。四者、願食、所謂行住坐臥、(4)常求善願。五者、解脫食、所謂心常清淨、不染俗塵。此五種食、名為齋食。(5)若復有人、不食如是五種淨食、自言持齋、無有是處、唯斷於無明之食。(6)若輒觸者、名為破齋。若有破、云何獲福？世有迷人、(7)不悟斯理、身心放逸、諸惡皆為、(8)貪慾恣情、不生慚愧、(9)唯斷外食、自為持齋、必無是事。

(1)徒爾虛切：謂白忙一生而無一點點功德。

(2)了如是義：謂了解這種真理。

(3)內外澄寂：謂身心光明潔淨。

(4)常求善願：常求自覺、覺他、覺行的善願。

(5)若復有人：謂如果有人。

(6)若輒觸者、名為破齋：謂口只吃素、若微犯五種齋食者、即為破齋。

(7)不悟斯理：謂迷人不知那個真理。

(8)貪慾恣情：謂三毒六賊放縱不拘。

(9)唯斷外食、自為持齋：唯有斷於口慾、不食魚肉、自己認為就是持齋。

● 又禮拜者、當如是法也、必須(1)理體內明、事隨權變、(2)理有行藏、會如是義、乃名依法。夫禮者、敬也。拜者、伏也；所謂恭敬真性、屈伏無明、名為禮拜。若能惡情永滅、善念恆存、(3)雖不現相、名為禮拜。其相即法相也。世尊欲令世俗表謙下心、亦為禮拜、故須(4)屈伏外身、示內恭敬。舉外明內、性相相應。(5)若復不行理法、唯執外求、內則放縱瞋癡、常為惡業、(6)外即空勞身相、(7)詐現威儀、無慚於聖、徒誑於凡、不免輪迴、豈成功德。

(1)理體內明：謂要知禮拜的真義。

(2)理有行藏：謂禮拜有現於外者、也有秘之于心者。

(3)雖不現相：謂雖然外表沒有表現禮拜的樣子。

(4)屈伏外身、示內恭敬：謂外面現出身子跪拜、而內心也非常恭敬。

(5)若復不行理法、唯執外求：謂如果不按真理正法修三聚淨戒與六波羅蜜、唯執著於跪拜。

(6)外即空勞身相：謂雖然每日六時跪拜、只是讓自己疲勞、一點用也沒有。

(7)詐現威儀、無慚於聖、徒誑於凡：謂假裝很莊嚴的樣子來欺瞞眾生、對於佛卻是一點慚愧心都沒有、只是欺誑於世俗凡夫。

問：如溫室經說：洗浴眾僧、獲福無量。(1)此則憑於事法、功德始成、若為(應是「唯」字)觀心可相應否？

(1)這就完全靠身體力行。

答：洗浴眾僧者、非洗⑴世間有為事也。世尊⑵當爾為諸弟子說溫室經、欲令受持洗浴之法、⑶故假世事、比喻真宗、隱說七事供養功德。⑷其七事云何？一者淨水。二者燒火。三者澡豆。四者楊枝。五者淨灰。六者蘇膏。七者內衣。以此七法喻於七事、一切眾生由此七法、沐浴莊嚴、能除毒心無明垢穢。其七法者：一者謂淨戒洗蕩僭非、猶如淨水濯諸塵垢。二者智慧觀察內外、猶如燃火能溫淨水。三者分別簡棄諸惡、猶如⑸澡豆能淨垢膩。四者真實斷諸妄想、如嚼⑹楊枝能淨口氣。五者正信決定無疑、猶如⑺淨灰摩身能辟諸風。六者謂柔和忍辱、猶如⑻蘇膏通潤皮膚。七者謂⑼慚愧悔諸惡業、猶如內衣遮醜形體。如上七法、是經中秘密之義。如來⑵當爾為⑽諸大乘利根者說、非為小智下劣凡夫、所以今人無能解悟。其溫室者、即「身」是也。所以燃智慧火、溫淨戒湯、沐浴身中真如佛性、受持七法、以自莊嚴。⑵當爾比丘、聰明上智、(11)皆悟聖意、如說修行、(12)功德成就、俱登(13)聖果。今時眾生、莫測其事、將世間水、洗質礙身、(14)自謂依經、豈非誤也。且真如佛性、非是凡形、煩惱塵垢、本來無相、豈可將(15)質礙水、洗無為身？事不相應、云何悟道？若欲身得淨者、當觀此身、本因(16)貪欲、不淨所生、臭穢駢闐、內外充滿。(17)若也洗此身求於淨者、猶如(18)塹塹盡方淨、以此驗之、明知(19)洗外非佛說也。

(1)世間有為事：謂洗人之身體的事。
(2)當爾：即是當時。
(3)故假世事：謂假借人間的事。
(4)其七事云何：那七種事是什麼呢？
(5)澡豆：謂洗淨豆子。
(6)楊枝：謂楊柳枝、即是赤檉柳枝、又名觀音柳。

(7)淨灰：謂檀香燒成的灰。

(8)蘇膏：謂以蘇油塗抹於身及四肢。

(9)慚愧悔諸惡業：謂懺過去所作一切惡業、今後時時警惕、不再犯。

(10)諸大乘利根：謂修行大乘有智慧的菩薩。

(11)皆悟聖意：謂都能深深了解佛所說的真實義。

(12)功德：見性自修、證無生法忍謂「功」。以自覺之佛道覺悟眾生謂「德」。

(13)聖果：即是佛果。

(14)自謂依經：謂迷人以一切有為之事、認為就是依佛所說。

(15)質凝水：謂世間的凡水。

(16)貪欲：就是淫慾貪念。

(17)若洗此身求於淨者：謂洗這凡夫之身、以求真如佛性者。

(18)塹(ㄑㄧㄢˋ)塹盡：謂遶城的河水、江湖河海的水都用盡。

(19)洗外：謂洗滌於身外（即人身上）。

問：經說言「至心念佛」、必得往生(1)西方淨土。以此一門、即應成佛、(2)何假觀心求於解脫？

(1)西方淨土：謂不生不滅、永恆不壞的極樂世界。

(2)何假觀心：謂何必一定要觀如來真如本心。

答：夫念佛者、當須正念、了義為正、不了義為邪。正念必得往生、邪念云何達彼？佛者覺也、所謂覺察身心、勿令起惡；念者、憶也、所謂憶持、戒行不忘、精進勤了、如是義、名為「念」。故知「念」在於心、不在於言。因筌求魚、得魚忘筌；因言求意、得意忘言。既稱念佛之名、須知念佛之道。若心無實、口誦空名、三毒內臻、人我填臆、將無明心不見佛、徒爾費功。且如誦之與念、義理懸殊、在口曰誦、在心曰念。故知念從心起、名為覺行之門；誦在口中、即是音聲之相。執相求理、終無是處。故知過去諸聖所修、皆非外說、唯只推心。即「心」是眾善之源、即「心」為萬德之主。涅槃常樂、由息心生、三界輪迴、亦從心起。心是一世之門戶、心是解脫之關津。知門戶者、豈慮難成？知關津者、何憂不達？

答：凡念佛者、了知真實義者為正宗、不了知真實義者為邪門。正念必得往生極樂；邪念憑什麼能達彼岸？佛者覺也、所謂覺察自己身心、勿令起惡；念者、憶念也、所謂憶持、一切戒行皆不懈怠、不忘記、精進勤行、直至了道、如是義、名為「念」。故知「念」在於心、不在於口。因捕魚的竹筌而捕到魚；得魚之後忘了竹筌；因口念佛求真意、得真意以後、就該忘了口頭的唸佛。既然稱是念佛之名、須知念佛之真理。若心無三聚淨戒與六波羅蜜、只用口誦南無阿彌陀佛、那只是空名、貪瞋癡於心內聚集、人我之心填滿胸中、這種無明之心、永遠不能見佛、只是徒費工夫。而且誦之與念、義理天差地別、在口曰誦、在心曰念。故知「念」從心起、名為佛行之門；誦在口中、就只是聲音之相。執於口相而求真理、究竟什麼都不對。故知過去諸佛所修、皆非口外的唸佛、唯只推觀心一門深入。觀心是眾善之源、觀心是萬德之主。涅槃（不生不滅）永恆安樂、由空寂自心而生。三界六道輪迴、亦從自己的三毒心而起。心是人生一世的門戶、心是解脫的關鍵。知門戶的人、哪須憂慮難成佛之無上大道？知關鍵者、何必憂愁不能達到不生不滅的彼岸？

竊見今時淺識、唯知事相為功、廣費財寶、多傷水陸、妄營像塔、虛促人夫、積木疊泥、圖青畫綠、傾心盡力、損己迷它、未解慚愧、何曾覺知。見有為則勤勤愛著、說無相則兀兀如迷。且貪現世之小慈、

豈覺當來之大苦。此之修學、徒自疲勞、背正歸邪、誑言獲福。但能攝心內照、覺觀外明；絕三毒永使銷亡、閉六賊不令侵擾；自然恆沙功德、種種莊嚴、無數法門、一一成就。超凡證聖、目擊非遙。悟在須臾、何煩皓首？真門幽秘、寧可具陳？略述觀心、詳其少分。

我見今時、智慧淺薄之識（人）、唯知從事一切有相的事、認為那是行功、費了很多的錢財寶物、殺害水中魚蝦及陸上雞鴨豬鵝牛羊等命、以妄想心建造佛像塔廟。以虛假功德、促募人力。積木疊泥、繪畫塔廟、盡心又盡力、只是損害自己的財力、且迷惑他人、不知懺悔、什麼時候去見性自覺、覺他。遇見一切有為的事、則殷勤的執著去做。說到無相的見性自修、則痴呆如迷路之人。且貪著現世報的小慈善、喜他人的誇讚、哪知將來的大苦難。像這樣的修道學佛、徒自疲勞、一點用處都沒有。這種的修道學佛、是背棄正道、歸入邪迷、還騙人說這樣做可獲福報、騙大眾的錢和人力來做背棄正道的事。只要能收斂自心、見性內照、佛所教的觀想明澄寂靜；絕貪瞋痴的心、永遠使它銷亡、閉色聲香味觸法六賊、不令侵擾於心、自然恆沙功德、種種莊嚴、無數法門、一一成就。超凡入聖、看來不遠了。了悟真心、只在一剎那間、何須煩惱到老無成。真正的法門、千古幽秘、怎可一時全部說盡？今簡略的說觀心、只詳說少許而已。

而說偈言：我本求心心自持

聖人修道、僅求自性真如本心、不求真如本心之外的佛菩薩、更不求外道神通一切有為法。

求心不得待心知

若人不明何為自性真如本心、而去求自己色身中那個心臟、妄想成佛、無有是處！要知自性真如本心為何事何物者、必待機緣、遇已修證見性明心的真善知識點化、才能得知。

佛性不從心外得

真如佛性、不是從自性真如本心之外、可以得到。若不從自性真如本心將心印心、即使唸佛禮拜、建塔燃燈、持齋唱誦……修煉無量千萬億阿僧祇劫、也不能開顯潛藏已久的真如佛性、更不用寄望證道成佛了。

心生便是罪生時

若心外求法求福的念頭一生出、那一剎那開始、便是無邊罪業、無量罪報、集結在自身的時候了。

我本求心不求佛

我達摩無始已來、只求自性真如本心、不求身外的佛。

了知三界空無物

聖人依自性真如本心（佛說觀無量壽佛經中的一切）思惟諦觀、禪定三昧、在金剛般若三昧中、印證貪瞋癡乃三界之名、在自性真如本心之中、本是空寂而無一物可得可尋、於性空空性之中、自然盡除三毒。

若欲求佛但求心

若要學佛道成佛、唯一的途徑就是、向自身中的自性真如本心中求之、必定成道成佛。

只這心心心是佛

只有修行前佛後佛以心傳心這個自性真如本心、四智菩提心、及見性明心的心、只有這三種心、才是究竟的真佛、才能成就佛道佛果。

達摩大師破相論　終

六祖法寶壇經・懺悔品・真實義

六祖法寶壇經・懺悔品

山海慧註於西元一九九八年

【】內的文字、是為註解所加上的文字

時、大師見廣韶洎四方士庶駢集山中聽法、於是陞座告眾曰：來！善知識！此事須從「自性」中起、於一切時、念念自淨其心、自修其行、見自己法身、見自心佛、自度自戒、始得不假到此求道、既從遠來、一會于此、皆共有緣、今可各各胡跪。先傳「自性五分法身香」、次授「無相懺悔」。眾、胡跪。

師曰：

一、戒香：即自心中「無非、無惡、無嫉妒、無貪瞋、無劫害」、名：「戒香」。

二、定香：即覩諸善惡境相、自心不亂、名：「定香」。

三、慧香：自心無礙、常以智慧觀照自性、不造諸惡、雖修眾善、心不執著【求功德福報】、敬上念下、矜恤孤貧、名：「慧香」。

四、解脫香：即自心無所攀緣、【能斷一切無明結縛】、不思善、不思惡、自在無礙、【自覺、覺他、覺智明了】、名：「解脫香」。

五、解脫知見香：自心既無所攀緣善惡、不可沈空守寂、即須廣學多聞、識自本心、達諸佛理、和光接物、【所謂觀照彌陀願力所成清淨極樂世界無量妙義、令具足顯露】、無我無人、直至菩提、眞性不易、【如說觀照常明、通達無礙、由解生定、由定生慧、由慧得空寂解脫、由解脫觀十二因緣得解脫知見】、名：「解脫知見香」。

善知識！此香各自內薰、莫向外覓、今與汝等、授「無相懺悔」滅三世罪、令得三業清淨。善知識！各隨我語、一時【異口同音、真心懺悔】道：

弟子○○○等、從「前念、今念、及後念」、念念不被愚迷染、從前所有惡業愚迷等罪、悉皆懺悔、願一時消滅、永不復起。

弟子○○○等、從「前念、今念、及後念」、念念不被憍誑染、從前所有惡業憍誑等罪、悉皆懺悔、願一時消滅、永不復起。

弟子○○○等、從「前念、今念、及後念」、念念不被嫉妒染、從前所有惡業嫉妒等罪、悉皆懺悔、願一時消滅、永不復起。

善知識！已上是爲「無相懺悔」。云何名「懺」？云何名「悔」？「懺者」、懺其前愆。從前所有惡業、愚迷、憍誑、嫉妒等罪、悉皆盡懺、永不復起、是名爲「懺」。「悔者」、悔其後過。從今已後、所有惡業、愚迷、憍誑、嫉妒等罪、今已覺悟、悉皆永斷、更不復作、是名爲「悔」。故稱「懺悔」。凡夫愚迷、只知懺其前愆、不知悔其後過。以不悔改、前罪不滅、後過又生、前愆既不滅、後過復又生、何名「懺悔」？

善知識！既懺悔已、【授】與善知識、發四弘誓願、各須用心【諦】聽：自心眾生無量、誓願度。

自心煩惱無邊、誓願斷。
自性法門無盡、誓願學。
自性無上佛道、誓願成。

善知識！大家豈不道「眾生無量誓願度」、怎麼【度】？【各須自心自度、自性自度、非是佛來度】、【亦】不是惠能度！善知識！心中眾生、所謂「邪迷心、誑妄心、不善心、嫉妒心、惡毒心、【憤高心】、【輕慢心】、【人我心】、【貪愛心】、【執著心】」如是等心、盡是眾生、各須自性自度、是名「真度」。何名「自性自度」？即、自心中「邪見、煩惱、愚癡」眾生、將「正見」度。既有「正見」、使「般若智」打破愚癡迷妄眾生、各各自度。邪來、正度。迷來、悟度。愚來、智度。惡來、善度。如是度者、名爲「眞度」【眾生】。

又、煩惱無邊誓願斷、【怎麼斷？】將自性般若智、除卻虛妄思想心、是也。【知心中煩惱、所謂「貪、瞋、癡」、生一切業結煩惱、所謂「生、老、病、死、求不得、愛別離、五陰盛、怨憎會」交織而成無量悲憂苦惱、無不由於自心「愛結、貪瞋癡」、我今願將「自性般若智」、除卻虛妄思想心、於「自性空寂、清淨法身」中、永斷無邊煩惱。是名「真斷煩惱」。】

又、法門無盡誓願學、【怎麼學？】須自見性、常行正法、【從今起、當常謙下、慈心柔軟、發起菩提心、依世尊正法眼、常自見性。常隨「常住三寶」真善知識、聞真正法、見性金剛觀照、處處總成華藏界、從教何處不毗盧、以清淨質直、行此「一相三昧」、通達無礙】是名「真學」【菩提】。

又、無上佛道誓願成、【怎麼成？】既常能【謙】下【自】心、【參眞善知識】、行於「真、正」、離迷離覺、常生般若、除眞除妄、即見佛性、【直至無上菩提】、即言下「佛道成」、常念修行【法藏比丘】是願力法。

善知識！今發四弘願了、更與善知識、授「無相三歸依戒」。善知識！

皈依覺、兩足尊。皈依正、離欲尊。皈依淨、衆中尊。

從今日去「【稱佛】、稱覺」爲師、更不歸依「邪魔」、「外道」。以自性三寶、常自證明。勸善知識、歸依自性三寶。佛者、覺也。【能依法藏比丘是願力、自性自見、無礙無著、證「無生忍」清淨法身、即是「覺」。覺者、離一切相。凡所有相、皆是「虛妄、生滅、無常」；若「見諸相」非「相」、即見「如來清淨法身」。】

法者、正也。【如來第一義正法眼也、佛之知見也。何名爲「正」？真善知識能持正法、依法藏比丘是願力、自性自見、於八正道自性、通達無礙、是名「歸依」、是名「受戒」、是名「持戒」、是名爲「正」。於自性之中、具「三身、四智、五眼、六波羅蜜、七覺如來、八正道、六通三明、如來十力」、自性通達、是名爲「法」。】

僧者、淨也。【真善知識、依法藏比丘是願力、自性自見、清淨質直、通達無礙。由戒生定、由定生慧、於慧中法性空寂、是名解脫。由解脫之中佛眼實觀十二因緣、證無生法忍、究竟無生忍、歸「無所」得、是名「解脫知見」。此五分自性清淨妙行、名「一行三昧」、亦名「一相三昧」。一行三昧者、質直是也。「一相三昧」者、無相是也。以無相故、名爲「淨」。】

自心歸依「覺」、邪迷不生、少欲知足、能離「財、色」。【能離財、即名少欲。能離色、即名知足。少欲即是無欲、無欲即是清福。知足即發無生忍慧、福慧俱足。】名：「兩足尊」。

自心歸依「正」、念念無邪見、以無邪見故、即無「人、我、憤高、貪愛、執著」、【依如來第一義正法眼、自性自見、念念真如】、名：「離欲尊」。

自心歸依「淨」、【清淨質直、念念自性真如、一行三昧、一相三昧。】一切塵勞愛慾境界、自性皆不染著、名：「衆中尊」。

若修此行、是自歸依、凡夫不會、從日至夜、【向外馳求】受三皈戒、若言「歸依佛」、佛在何處？【兩足尊在何方所？】若不見佛、憑何所歸？【若言「歸依法」、法爲何物？離欲尊在哪裡？】【若言「歸依僧」、僧爲何等相貌？衆中尊立於何方？】【若不從自性之中、覓「佛、法、僧」三寶尊、則「佛、法、僧」皆無所見、憑何所歸？】言「三歸依」卻成「妄【語】」！

善知識！【當自歸依「自性三寶」】、各自【時時】「【自性】觀察」、【求出「生死家」】、莫【再】錯用心。【自性三寶、不自歸依、即無依處。】經文、分明言：「自歸依佛」、不言「歸依他佛」。自佛不歸、無所依處。今既自悟、各須歸依「自心三寶」。內調心性、外敬他人、是「自歸依」也。

善知識！既歸依「自三寶」竟、各各志心【諦聽】、吾爲【汝】說「一體三身自性佛」、令汝、等見三身。【依「如來慧日法光」聞思修】、了然自悟自性、【見自性中「三身如來」】、總隨【佛】道、【永不退轉、究竟得成無上正覺】。

【善知識！】於自【父母所生】色身、歸依清淨法身佛。於自【父母所生】色身、歸依圓滿報身佛。於自【父母所生】色身、歸依千百億化身佛。

善知識！【父母所生】色身、是【佛性之】宅舍、【是法身修煉之法壇、是自性究竟菩提之道場、是三世一切佛修道之佛所、又名「生死家」、亦名「三界火宅」】、不可言「歸」。【前說】三身佛、在自性中、世人【各】總有、奈何【眾生】自心迷、不見內性、【竟日】外覓三身如來、不見自身中有三身佛。汝等【諦】聽【吾】說、令汝等、於自身中、見自性、有三身佛。此「三身佛」從自性生、不從外得。

何名「清淨法身佛」？世人「【自】性」本【自】清淨、萬法【皆】從「自性」生。思量一切惡事、即生惡行。思量一切善事、即生善行。如是諸法、在自性中、如天常清、日月常明、【雖】爲浮雲覆蓋、上明下暗、忽遇風吹雲散、上下俱明、萬象皆現。世人、性常浮游、如彼天雲。【自性中如來一切種智亦復如是、於自性中圓明俱足、奈何「人」迷、如彼天雲、浮聚蓋覆、幽暗難明。】

善知識！【自性】、智如日、慧如月、智慧常明；【迷「人」】於外著境、被妄念浮雲蓋覆自性、不得明朗。若遇真善知識、聞真正法、自除「迷、妄」、內外明澈、於自性中【「佛一切種智」】萬法皆現。見性之人、亦復如是。【處處總成華藏界、從教何處不毘盧！】此名：「【證道】、清淨法身佛」。

善知識！自心歸依「自性」、是歸依「真佛」。自歸依者、除卻「自性」中「不善心、嫉妒心、諂曲心、吾我心、誑妄心、輕人心、慢他心、邪見心、慎高心」及一切時中「不善之行」。常見自己過、不說他人好惡、是【即名爲「自皈依」】。須常【謙】下【自】心、普行恭敬、【依「如來知見」、一行三昧、一相三昧、轉識成智、轉智成慧、處處總成華藏界、從教何處不毘盧、如是「行無所行」】、即是「見性通達」、更無疑滯、是【即名爲】「【自性】自歸依」。

何名「圓滿報身佛」？譬如一「燈」能除千年暗、一「智」能滅萬年愚。莫思向前、已過不可得；常思於後、【令彌陀如來四十八願淨業所成極樂世界無量妙光明相】、念念圓明、自見本性。善惡雖殊、本性無二、無二之性、名爲「實性」。於「實性」中、不染善惡【即本性謂之染善、離本性謂之染惡。言不染善惡、即是不思善不思惡。思善即是著法相、思惡即是離法相、然執著於離法相亦是著法相、故曰：「不思善、不思惡、正與麼時」。則諸法平等、具足明現、不生不滅、不垢不淨、不增不減、無量具足、無所住在、而無處不在、久視不散、無量圓明、證「法性空寂」之智】、此名「圓滿報身佛」。

自性起一念「惡」、滅萬劫善因；自性起一念「善」、得恒沙惡盡。【何況盡能受持金剛觀照「無量壽佛四十八善願」無量妙功德、此即名爲「自性自見」、即名「見性」】、直至無上菩提、【念而無念、無念而念】、念念自見、不失本【願正】念、【是即】名爲「【證道】、【圓滿】報身【佛】」。

何名「千百億化身【佛】」？若不思萬法、性本如空。一念思量、名爲「變化」。思量惡事、化爲地獄。思量善事、化爲天堂。【思量】毒害、化爲龍蛇。【思量】慈悲、化爲菩薩。【思量】【佛】智慧、化爲上界【諸天】。【思量】愚癡【之行】、化爲下界三途。自性變化甚多、迷「人」不能省覺、念念起惡、常行惡道【三途之中】；回一念「善」、智慧即生、此名「自性化身佛」。

善知識！法身、本具【三身】、念念自性自見、即是「報身佛」。從「報身」思量【觀照「無量壽佛四十八善願」所成極樂世界、其中無量「妙光明、妙色、妙聲、妙香、妙味、妙觸、妙法（妙受、妙想、妙行、妙識）無量妙義」、一一顯現真實、無量具足、無量圓明、無處不在】、即是【名爲】「【百千億無量】化身佛」。

【於無量妙德性相之中、離一切相、亦不失本願一切相、念而無念、無念而念、念念圓明、不染善惡、得大自在、無礙無著、名爲「清淨法身」、即名爲「佛」。善知識！自性本具「三身如來、四智菩提、五眼同觀、六波羅蜜、七覺如來、八聖道分、六通三明、如來十力」、如是無量無邊佛一切種智】。自悟自修「自性功德」、是「眞歸依」。皮肉是色身、色身是【自性之宅舍、【名爲「法壇」】、【又名「王舍城」】、【又名「道場」】、【又名「佛所」】、不言歸依【於色身皮肉】也。【但從「自性」中、悟「三身、四智、五眼、六波羅蜜、七覺如來、八正道、六通三明、如來十力」、得佛一切種智、證無生法忍、究竟無生忍、歸「無所」得、證無上菩提。】但悟「自性三身」、即識「自性佛」。【於「見自性佛」之中、自得「佛一切種智」、何用竟日驅驅外求、

當知此事、見自性中證得！】

【善知識！】吾有一「無相頌」、若能持誦【解義】【修行】、言下令汝積劫迷罪、一時消滅。頌曰：

迷人修福不修道、只言修福便是道、
布施供養福無邊、心中三惡元來造、
擬將修福欲滅罪、後世得福罪還在、
但向心中除罪緣、各自性中真懺悔、
忽悟大乘真懺悔、除邪行正即無罪、
學道常於自性觀、即與諸佛同覺慧、
佛祖唯傳此頓法、普願見性同一體、
若欲當來覓法身、離諸法相心中洗、
努力自見莫悠悠、後念忽絶一世休、

若悟大乘得見性、虔誠合掌至心求。

【善知識！何名「但向心中除罪緣、各自性中真懺悔、忽悟大乘真懺悔、除邪行正即無罪」？懺悔文曰：「罪從心起從心懺、心若亡時罪亦亡、心亡罪亡兩俱空、是即名爲真懺悔」。此即是「自性中真懺悔、除邪行正即無罪」之要文、惜乎千古無人解其深義、吾今爲汝廣說：】

「罪從心起從心懺」：謂三界六道一切有情眾生、一切罪業、皆由自心、起「貪、瞋、癡」之惡念、而後作出「貪瞋癡」之惡事、緣爲「貪瞋癡」之惡業、受「地獄、餓鬼、畜生」三途之苦報、故曰：「罪從心起」。若遇真善知識、聞眞正法、修行「見自本心、見自本性、成就清淨光明法身的正法眼」、上說即是修金剛觀照「無量壽佛四十八善願無量妙義」、即於觀照中、見「自性真如本心」、本來清淨空寂。如是、時時修行見性、即心於如來法性、清淨無爲無作、無受想行識。要斷罪業的根、必用此「清淨無爲」之正法、

徹底將「貪瞋癡」罪根、從自性中拔除、故曰：「罪從心起從心懺」。】

【「心若亡時罪亦亡」：謂時時刻刻、修行見性、即心於如來法性、自性空寂「清淨、無爲、無作」、無「貪瞋癡」之「受、想、行、識」、即是「亡心」、即名「亡我」。既是自性空寂「無心無我」、一切罪即無歸處。罪既是無歸、前罪即滅、今起「除邪、行正」、後罪即不生。前罪既滅、後罪不生、即是「無罪」、故曰：「心若亡時罪亦亡」。】

【「心亡罪亡兩俱空」：謂時時刻刻「見性」、空寂清淨、即心於如來法性、空寂無相、如是無相、無相不相、不相無相、是名「見性實相」。若能了見「見性實相」、即實名爲「性空、空性」、即是真實「無心無我」、是名「心亡」。心既是亡、而「貪瞋癡」罪根也隨同消亡、從今起、除邪行正即是名爲「罪亡」。然、心亡與罪亡之事理、盡是在「見性空寂」之中、才能究竟真實、故曰：「心亡罪亡兩俱空」。】

【「是即名爲眞懺悔」：謂一切眾生、若有知悔、要懺其往昔所造諸惡業者、應將自心即於「自性真如本心」、徹底將「貪、瞋、癡」毒根、從自性阿賴耶識中拔除。若能了見「見性實相」、方可名爲「性空、空性」、即是真實的「亡心亡我」。心既是亡、則「貪、瞋、癡」毒根也隨同消亡、一切罪既無根可源、前罪即滅、後罪不生。無心無我、前罪無歸處。無心無我、故能除邪行正、後罪之念不生不爲、才是「真實的無罪」。自心常住「彌陀四十八善願真如法性實相」中、名爲「見性」。時時見性、令「貪瞋癡」三毒無根可源、不再滋生一切罪業、如此修行才可稱爲「自性真懺悔」。】

善知識！【懺悔實義既已了悟】、總須【記】取【心中】、依此修行、言下【覓真善知識虔誠合掌、至心求乞】「【最上第一乘】見性【佛道】」、雖去吾【佛】千里、如常在吾【佛】【左右】。於此言下不悟、即對面【猶數】千里、何勤遠來？珍重！【好】好去【修行】！【眾、聽說「日中無常偈」：】

【人生不精進、喻若樹無根、採花置日中、能得幾時鮮？】
【人命亦如是、無常須臾間、勸諸見聞者、勤修乃至真！】

【善知識！此法門、是最上乘、為大智人說、為上根人說、小根小智人聞、心生不信。若最上乘人、聞此法語、心開悟解、能謙下心、訪真善知識、故知本性自有般若之智、自用智慧常觀照、煩惱暗宅中、常生慧日法光、外於相離相、內於空離空、但作如此見、即是真如用。】

六祖法寶壇經・懺悔品　終

佛說無量壽佛名號利益大事因緣經・真實義

佛說無量壽佛名號利益大事因緣經・真實義　山海慧法師　註解

佛說無量壽佛名號利益大事因緣經

曹魏、天竺三藏、康僧鎧　譯

山海慧註於西元一九九七年重陽

我聞如是、一時、佛在王舍城、耆闍崛山中，與大比丘眾，千二百五十人俱。

● 這一部佛說無量壽佛名號利益大事因緣經、是我阿難、隨侍世尊釋迦牟尼佛於十七年當中、聽世尊親口所說、修行彌陀淨土法門者、必須知曉、無量壽佛真實「名」。示現今日娑婆世界「名」。無量壽佛的「如來十號」。諦觀憶念無量壽佛「名」、「十號」威德、即能滅除無量億劫生死之罪的大「利益」。修行無量壽佛四十八願無量義禪定三昧、超出三界生老病死海的「大事」。不退轉如來八聖道淨業「正因」、

「緣成」不生不滅、佛道佛果的「因緣」。

●這部經、是三界內外天人師、宇宙至尊主宰、無量壽無量光如來世尊、以「法身」親臨於此娑婆世界、示現為釋迦牟尼佛、住此世間說法教化無量有情眾生。這一段時間、世尊釋迦牟尼佛、暫於摩羯陀國、頻婆娑羅王的王舍城外、靈鷲山中、與大阿羅漢示現為「人身」的比丘、比丘尼、優婆塞、優婆夷、及諸大阿羅漢等所率領的弟子、計有一千兩百五十五人、同時聚會此處、聞佛世尊、演說妙法。

諸漏已盡、神通明達、諸聖眾、其名曰：尊者阿難、尊者目犍連、尊者舍利弗、尊者大牛王、尊者摩訶迦葉、尊者伽耶迦葉、尊者大周那、尊者名聞迦葉、尊者大淨心志、等、皆如斯等、以為上首。

前所述說的大阿羅漢、即是、已斷「見思、生死、無明」諸惑、已證「無生法忍」、成就不生不滅、神通自在、安住如來不可思議功德三昧、了達三界內外諸法、無所障礙的十方如來、為了輔助無量壽佛教化娑婆眾生、示現為人、這些大阿羅漢、名字稱為：尊者阿難、尊者目犍連、尊者舍利弗、尊者大牛王、尊者摩訶迦葉、尊者伽耶迦葉、尊者大周那、尊者名聞迦葉、尊者大淨心志、等、皆是十方如來所教化的菩薩摩訶薩、為了輔助無量壽佛說法教化、示現如上名字、而為率領諸弟子、至佛前皈依修行無上大乘佛道。

又、普賢菩薩、文殊師利菩薩、信淨慧菩薩、善解脫菩薩、等、諸大正士、滿足無量願行、安住不可思議功德之法、智慧聖明、如是等之諸菩薩眾、不可稱計、即時來會。

又有、普賢菩薩、文殊菩薩、信淨慧菩薩、善解脫菩薩、這些菩薩、早已滿足成就無量無邊願力、成就無量無邊功德如來之行、個個不退轉於如來第一義住、成就如來十力、四無所畏、三明六通、大般涅槃、如來無量義大智慧海、不可思議功德智慧。像這樣的菩薩眾、無法計其數字、從十方界中、從空中而來、聚在靈鷲山的虛空中、恭聽宇宙至尊主宰無量壽佛所示現的釋迦牟尼佛演說妙法。

爾時、世尊告阿難曰：乃往過去久遠、無量無央數劫、有一比丘、名曰法藏、值遇無數百千佛、滿足無量大願、超過諸佛所行之法。彼比丘、今已成正覺、現在西方清淨安樂剎、號曰：不可思議光無量壽如來。

● 在那時候、世尊釋迦牟尼佛、告訴阿難尊者說：從現在往前推算、很多很久、無量無邊無數阿僧祇劫、有一位世間解無上士、名字稱為「法藏」、祂見過無法以「百」「千」來計數的無量諸佛。祂誓立四十八大願、成就滿足無量無邊的願力和功德。祂的願力和修行、以及所證的道果、都超過十方法界一切諸佛所修行的道果。

•這一位法藏比丘、久已成佛至今、現時居住在三界外的清淨安樂國土、祂的佛號稱為：不可思議光無量壽如來。

其佛本願力故、以不可思議神力、偏滿十方世界、以大音聲、宣布「名」「號」「功德」。是故、十方世界、一切有情、聞信其「名」「號」「功德」、即時入「正定」位、生清淨安樂佛國。

•這一位法藏比丘、成就了無上正智正等正覺、號為：不可思議光無量壽佛。此佛本著大慈大悲救度眾生的無量願力、施展不可思議的神通力、分身無數、偏滿十方世界、示現在十方無量世界中、以梵音聲作獅子吼、向十方無量世界中的一切有情、宣說傳布自己成佛之前的「名」、成佛之後的「佛號」、以及自所誓證四十八願、成就「十號、十力」、四無所畏、三明六通、大般涅槃、極樂世界無量無邊的莊嚴「功德」。

●因為上述的緣故、十方無量世界中、一切有情、若有聽到無量壽佛分身示現的佛、菩薩。以及無量壽佛的授記弟子、向十方眾生宣說法藏比丘「四十八願成佛」的無量無邊功德。若有能深信、無量壽佛成佛以前的「名」、成佛以後的「佛號」、及無量壽佛證成四十八願、成就「十號」、「十力」、四無所畏、三明六通、大般涅槃、極樂世界無量無邊清靜安樂莊嚴「功德」。有能如此深信者、應當立即把握時光、棄三界中一切「有為」之法。深修「無量壽佛四十八願無量義禪定三昧」、亦即如來世尊再為末法眾生授菩提記的「佛說觀無量壽佛四十八願無量義禪經」、其中無量義三昧、於三昧中名曰「見性」、漸能證得四十八願真實智慧、成就十力、四無所畏、三明六通、大般涅槃、如來一切智智、即是所謂「成就阿耨多羅三藐三菩提」、如法修行的有情眾生、才能真正永生於「無量壽佛的清境安樂佛國」。

是故、有情之類、縱令在人中、以宿報故、或盲聾喑啞、愚痴狂惡、以其佛「光明」「名」「號」「因緣」、皆得解脫。或在三途、勤苦之中、受苦無間、以其佛「光明」「名」「號」「因緣」、皆蒙解脫。

因為上述的緣故、有覺性的眾生、即使是生身為人、或因於宿命業報的緣故、而成為盲人、聾人、啞人、愚蠢、癡呆、狂亂、及種種醜陋的惡相。若這些人、能專精一念、「憶念諦觀」無量壽佛的「身相光明」。持稱「佛名」、「憶念諦觀」其佛「十號十力」三明六通。「憶念諦觀」無量壽佛四十八願所成極樂世界、無量妙義、修持觀無量壽佛經的「三福」正「因」、「緣」成佛果、立此無上道心、及精進不退轉的人、皆能蒙無量壽佛的願力、而得解脫六道輪迴、往生于無量壽佛的清淨安樂佛國。

聞其「光明」「名」「號」、若信受、若稱名、即時除無量無數劫生死之罪。

若有眾生、得遇大機緣、聽聞善知識演說「觀無量壽佛四十八願無量義禪定三昧真經」、教令「諦觀」無量壽佛的「身相光明」、稱唸「佛名」、及「諦觀」無量壽佛「十號十力」三明六通、及佛願力所成的極樂世界、無量無邊「功德」。若其眾生、能深信不疑、起歡喜心、將所教之言、領納於心、「憶念諦觀」、並稱唸「佛名」、即時即除無量無數劫生死之罪、其人命終、佛必現前、放大光明圍繞、上品往生極樂世界。

是故、阿難、稱彼「佛」「號」、若一聲、若十聲、乃至百千

聲、於「念」「念」中在、無數化無量壽佛、常護其人。

因為「思惟諦觀」無量壽佛的「身相光明」、及「十號十力」佛一切無量無邊「智慧」「功德」的緣故、阿難你應當知曉、依此修持的人、若稱唸無量壽佛的佛號「南無阿彌陀佛」、若僅一聲、或為十聲、乃至百聲千聲、於稱唸「佛名」的音聲之中、念念不忘「諦觀」無量壽佛無量無邊「身相光明」、及與「十號十力」「智慧」「功德」、而得自在、入于「正定」者、即得無量壽佛本尊圓光中、化出無數、化身無量壽佛、常護其人、令得速成就阿耨多羅三藐三菩提。

又有二菩薩、一名觀世音、一名大勢至、是二菩薩、自為上首、俱諸大菩薩眾、常來護。其人壽終之後、生彼無量壽清淨安樂國。

又有兩位菩薩、一位稱為觀世音菩薩、另一位稱為大勢至菩薩。這兩位菩薩、即是十方諸佛菩薩的「統領」、帶領著無數諸大菩薩聖眾、常來護衛這個修持「無量壽佛四十八願無量義禪定三昧」的「念佛」人、為其淨除一切災患厄難、其人壽終之後、即得永生於無量壽清淨安樂國。

是故、阿難、設有猛火充滿三千大千世界、必當過至。

因為修行「無量壽佛四十八願無量義禪定三昧」的「念佛」人、時時刻刻有無數化身無量壽佛、及與觀音勢至諸大菩薩、護衛的緣故、阿難、即使其人有累劫所造、無量無邊業報猛火、充滿於欲界、色界、無色界「天」中、其「念佛」人、蒙無量壽佛大威力的保護、其「念佛」人、必當於如彈指的一剎那、超出三界果報生死輪迴、立至無量壽佛極樂世界、於七寶池中、蓮花化身、永生于無量壽佛的清淨安樂世界。

聞信彼佛「名」「號」、是人號「火中生白蓮華」、是名：不可

思議「名」「號」「利益」「一大事」「因緣」。

若有人、見聞此經、能深信無量壽佛「名」、深信無量壽佛「十號十力」、修持諦觀「四十八願無量義」、時時入于「禪定三昧」者、此人稱為：「火焰中生白蓮花」。以上就是我釋迦牟尼佛所說的：不可思議光無量壽佛「名」、「十號十力」、四無所畏、三明六通、「利益」無量有情眾生、超脫生死「大事」、修行無量壽佛四十八願無量義禪定三昧淨業正「因」、於三昧中「緣」成佛道佛果的最上第一乘法門。

其佛本願力故、十方諸佛、皆俱讚譽彼佛「名」「號」「功德」、又稱讚「念佛」有情之類、是故、汝等皆當信受彼佛「名」「號」。

● 無量壽佛無量無邊大願力、即是無量無邊大智慧海、又名為「如來一切智智」、以此緣故、十方三世一切諸佛、皆依此「願」「慧」「力」、得成正覺。因此、十方諸佛皆俱讚譽無量壽佛「名」、「諦觀憶念」無量壽佛「十號十力」、四十八願無量無邊「功德」。

●十方諸佛、又皆俱稱讚護念於「修無量壽佛四十八願無量義禪定三昧」的一切有情眾生。

●因為上述的緣故、汝等諸眾生、皆當信心不疑、領納「諦觀」無量壽佛「名」中的「十號十力」、四十八願無量義禪定三昧、等、無量無邊「功德」。

世尊告阿難曰：如來所以興出於世間、說彼佛不可思議「真實功德」「光明」「名」「號」「利益」「大事」「因緣」。是故、我說：「難值、難見、難聞。」若有眾生、有聞此法者、皆應信順、如法修行。

●釋迦牟尼世尊告訴阿難說：我釋迦如來正是為了無量壽佛的無量大「願」「慧」「力」、才來示現在這五濁惡世的人間、廣說無量壽佛不可思議四十八願真實功德、及無量壽佛無量無邊「身相光明」、無量壽佛「名」、無量壽佛「十號十力」威德、「利益」無量有情眾生、超脫生死「大事」、修行無量壽佛四十八願無量義禪定三昧淨業「正因」、於三昧中「緣成」佛道佛果的無上大乘法門。

• 就是這個緣故、我釋迦如來才會說：「這種機緣、萬劫難遭遇、難得見到、難得聽聞」。

• 若三界二十五有、一切轉世投胎於娑婆世界中、得到「人身」的有情眾生、有大因緣、幸聞真善知識演說無上大乘佛道、「觀無量壽佛四十八願無量義禪定三昧真經」者、皆應歡喜信受、依我如來世尊於末法世時、再為一切眾生授菩提記的「佛說觀無量壽佛經」依法修行三福淨業正因、「思惟憶念」諦觀無量壽佛四十八願大智慧海所成就、清淨莊嚴安樂、無量無邊功德、由「思惟」之第一、第二、第三觀「初禪」。進入「諦觀」之第四、第五觀「二禪」。深入「禪定」之第六、第七、第八觀「三禪」。證入「三昧」之第九觀、至第十六觀「四禪」。於「第四禪諸三昧」中、淨除無量無邊阿僧祇劫生死之惑、證得無生法忍、成就無上正覺、即是我釋迦如來所說、得阿耨多羅三藐三菩提。

世尊告阿難曰：彼法藏比丘、為度十方世界一切有情、雖起超世願、修無量大行、是本「久遠實成本有、法身常住無量壽佛」、以不可思議威神力故、偏滿十方世界、為教化安立、無數有情、住於無上正真實之道。

釋迦牟尼如來世尊告訴尊者阿難說：那一位法藏比丘、為了度十方三千大千世界中一切有情、雖然示現為法藏比丘、誓立四十八大願、修行無量無邊如來梵行。然此法藏比丘、實是「從無始以來、創造宇宙萬象萬類萬物之『真主宰』、即是、法身常住、不生不滅的無量壽佛」所示現、此無量壽佛、以不可思議的無量神通力、分身變化、偏滿十方世界、無處不有、無處不到、祂的作為、僅是為了教導勸化、安撫植立、三界中無數有情、使一切有情眾生、安住於「無上大乘、如來八正道『真、空、妙有』中道實相」的清淨法身「佛道」。

或為剎利國王、轉輪王、或為長者居家、尊姓豪貴、或為六欲、梵天王等。或為地獄餓鬼畜生、修羅身。常以四威儀、化作一切。

這一位、從無始以來、創造宇宙萬象萬類萬物的「真主宰」、法身常住、不生不滅的無量壽佛、有時候示現為印度的國王。有時候示現為他國的帝王。有時候示現為長者在家居士。有時候示現為尊貴的王侯富豪。有時候示現為欲界六天的天王。有時候示現為大梵天王及一切諸神、聖人等。有時候示現為地獄道中的阿修羅。有時候示現為畜生道中的阿修羅。有時候示現為餓鬼道中的阿修羅。無量壽佛常以慈悲法相、忿怒法相、極惡法像、冷酷無情相、此「四威儀」、化作一切「王、貴、長者、富豪、天王、修羅之身」以布施、愛語、利行、同事「四攝法」來教化、勸導、安撫、植立、三界中無數有情、使一切眾生、安住於「無上大乘、如來八正道『真、空、妙有』中道實相」的清淨法身「佛道」。

阿難、彼「久遠實成、法身常住、無量壽佛」者、豈異人耶？今日世尊「我身」是也。愍念汝等一切有情、無明大夜闇故、從彼安養無為界、示現此惡時惡世中、「迦耶」「王舍」等、說彼佛不可思議「功德」「因緣」、是謂：「難值、難見、難得、難聞。」是故、若有有情、聞此經者、皆應信受、如法修行。

釋迦牟尼如來世尊又向阿難尊者說：那一位從無始劫以來、即已成佛、創造宇宙一切的「真主宰」、不生不滅、法身常住的「無量壽佛」、豈是遙不可見的「異人」呢？今日為你們說法的「世尊、釋迦牟尼佛「我」、就是了。因為哀愍、念及汝等一切有情、居於「見思生死無明」的大暗夜中、不知此中險惡、不知自求出離、處於萬般厄難之中。「我無量壽佛」為了哀愍汝等一切有情的緣故、從三界外的極樂無為法界、來至娑婆、示現於此惡時惡世之中、「號稱釋迦牟尼佛」、而於迦耶山菩提樹下始起、及今時在王舍城等諸處、皆是宣說彼無量壽佛四十八願不可思議的「功德」和「因」「緣」。這就是我所說：萬劫難遇、難見、難得、難聞的大機緣。因為機緣難遇、難見、難得、難聞的緣故、若是有幸的有情眾生、得大因緣、見聞此經之時、皆應歡喜深信、領納於心、依我如來世尊於末法世時、再為一切有情授菩提記的「佛說觀無量壽佛四十八願無量義禪定三昧真經」、依法修行。

世尊告阿難曰：縱令一切有情、煩惱惡業、深障重報、彼佛「光明」「名」「號」「神力」無所障礙。是故、彼佛、號：「無礙、無對、清淨、智慧、歡喜、等。」智慧無礙故、威神

力亦無礙。神力無礙故、大慈悲亦無礙。

• 釋迦牟尼如來世尊告訴阿難尊者說：即使一切有情眾生、造下無邊極重惡業、犯四重禁、及五無間罪、其人、身受深障重報、或墮地獄、餓鬼、畜生、三途惡道之中。或於三界、為諸天魔所攝。餘諸經典、不得救療、唯依「觀無量壽佛四十八願無量義禪定三昧真經」（末法世時、再為授記的佛說觀無量壽佛經）「諦觀憶念」無量壽佛的無量無邊「身相光明」、稱無量壽佛「名」、「諦觀憶念」無量壽佛名中「十號十力」威德、「諦觀憶念」無量壽佛四十八願大智慧海所成、微妙清淨光明極樂世界、無量無邊「智慧」「功德」。應時即蒙無量壽佛「光明」「名」「號」「神力」加被、即得罪障消滅、立得解脫。

• 因為上述的緣故、無量壽佛「十號十力」威德、稱為：「無礙、無對、清淨、智慧、歡喜、等等」。

●無量壽佛智慧無礙的緣故、所以威光神通力亦無所障礙。無量壽佛威光神力無量無邊、無所障礙的緣故、所以大慈大悲亦無所障礙。因此修行「觀無量壽佛四十八願無量義禪定三昧真經」者、名為「不退轉阿耨多羅三藐三菩提」、一一皆能證得成就阿耨多羅三藐三菩提。修行「無量壽佛四十八願無量義禪定三昧」者、即得「淨除業障、生諸佛前」。

是故、濁惡世、一切有情、若以「有礙小智」、有疑於「佛」無礙智、不可思議智、不可稱量智、大乘勝智、無等倫最上智、疑惑不信、以疑惑故、無數多劫中、墮曾婆獄、或入頻陀羅獄、受苦無窮、無有出期。

因為前述諸事的緣故、五濁惡世、一切有情、生身為「人」的「眾生」、若以八萬四千法之「聲聞」「圓覺」小智、而起疑於「佛道」的無礙智、不可思議智、不可稱量智、大乘勝智、無等倫最上智。以「有礙小智」、懷疑佛四十八願「中道」「真」「空」之「實相」、而於如來一切智智、疑惑不信、因疑「起諸邪見無明」、而生毀謗的緣故、命終之後、於無數阿僧祇劫中、墮黑暗多刑地獄、或入極黑暗無間地獄、受苦無窮、永無超脫之期、以此惡業、重報於毀謗「如來第一義」的「一闡提」。

是故、若有有情、正信佛智者、即時入「正定」位、不退轉阿耨多羅三藐三菩提。是名：不可思議「功德」「名」「號」「利益」「大事」「因」「緣」。

以上所述一切事的緣故、若人有幸、遇此大乘佛道的有情眾生、能依如來所說正道、深信「佛一切種智」的人、應立即把握時光、棄三界中一切「有為」之法、深修無量壽佛四十八願無量義禪定三昧、不退轉於「如來無上正智正等正覺、自覺、覺他、覺行、三覺圓滿的無上清淨法身佛果」。這就是我釋迦如來今日所說：無量壽佛不可思議「功德」「名」「號」「利益」「大事」「因」「緣」。

佛說此經、應時、普大地六種震動、天雨妙花、自然空中、有微妙大音聲、讚嘆彼不可思議光無量壽清淨佛號、及今日世尊說「大事」「利益」「因」「緣」。

世尊說此經時、無量有情、發正真道意。諸天人民、得阿那含果。諸大菩薩、以「四弘誓」莊嚴功德、於將來世、應成正覺。

佛說此經已、諸大菩薩眾、阿難等諸大聲聞弟子眾、聞佛所說、歡喜禮佛而去。

佛說無量壽佛名號利益大事因緣經　終

跋

山海慧於西元一九九七年重陽

佛所教化一切經典、源於兩千九百多年前的古印度語、承多位大師、翻譯為中國文字、雖然已經譯為漢字詞句、但其讀法（解真實義的讀法）卻不能完全以解讀中國語言的方式來解讀、那會產生非常嚴重的誤差、為什麼呢？因為佛經是古印度語詞、不是中國語詞、如果不知道這一個道理、往往會誤解經文中佛所說的真實道理、既然不能了解佛所說的真實道理、那怎能修成佛道、證得佛果呢？因此、吾在經文中、詳加標點、及解說、以利同修參學。

比如說、現在這一部經中所說：「宣布名號功德」、「聞信其名號功德」、「以其佛光明名號因緣、皆得解脫」、「以其佛光明名號因緣、皆蒙解脫」、「聞其光明名號、若信受、若稱名、即時除無量無數劫生死之罪」、「稱彼佛號、若一聲、若十聲、若百千聲」、「聞信彼佛名號、是人號火中生白蓮華」、「十方諸佛皆俱讚譽彼佛名號、又稱讚念佛有情之類」、「如來興出於世間、說彼佛不可思議真實功德光明名號利益大事因緣」、「彼佛名號神力無所障礙」、及阿彌陀經中云：「聞說阿彌陀佛、執持名號」。其中所謂「名號」、並不是僅只言無量壽佛的聖名「南無阿彌陀佛」而已、而實是應該讀作：「名」「號」、即是稱無量壽佛的聖名「南無阿彌陀佛」、與及「諦觀憶念」無量壽佛的「十號十力」。

何謂「十號」？（一）如來（二）應供（三）正徧知（四）明行足（五）善逝（六）世間解無上士（七）調御丈夫（八）天人師（九）佛（十）世尊。

何謂「十力」？（一）如來知「是處、非處」智力（二）如來知「過、現、未來、業報」智力（三）如來知「諸禪、解脫、三昧」智力（四）如來知「諸根、勝、劣」智力（五）如來知「種種解」智力（六）如來知「種種界」智力（七）如來知

「一切、至處道」智力（八）如來知「天眼無礙」智力（九）如來知「宿命、無漏」智力（十）如來知「永斷習氣」智力。

因此、佛在諸經中所說的「念佛」、並不是僅指稱六字洪名「南無阿彌陀佛」而已；而是在指示眾生、必須在稱佛的聖名「南無阿彌陀佛」的同時、要「憶念諦觀」如來十號十力威德、才能稱為「念佛名號」、或「執持名號」、絕對不是僅用口稱佛的六字洪名而已。

又、經中所說：「其佛光明名號」、一般人都誤會以為是「南無阿彌陀佛」這一句佛的聖名、叫做光明名號、那是非常嚴重的錯誤。

「其佛光明名號」是在說：眾生應當專精一念、「繫心諦觀」無量壽佛的「法界身」、無量無邊的「身相光明」、在「諦觀」的同時、還要「憶念」無量壽佛的聖名及十號十力威德、這樣才能與無量壽佛的心相應、才能滅罪、才能增長佛智、才是種植了往生極樂世界的真種子、才稱為「念佛」。一般的凡夫、都將這個「念佛無上大乘之法」、誤解為僅稱佛聖名的「小法」、還揚揚得意、認為已經證得佛道大乘的法門了、嗚呼！大乘佛道、變成今日的人乘佛教、哀哉！

所謂的「淨土宗」「淨土真宗」及「一切佛」的「弟子」、若不知「彌陀法門」是「唯一」能超三界生死海的「不二法門」者、無有是處！若「淨土宗」「淨土真宗」的門人、不知、不聞、不諮請、不修行、佛說觀無量壽佛經中、全部的「無量義三昧」者、無有是處！

又、大佛頂首楞嚴經●大勢至菩薩念佛圓通章云：「以念佛心、入無生忍、今於此界、攝念佛人、歸於淨土、佛問圓通、我無選擇、都攝六根、淨念相繼、得三摩地、斯為第一。」其中所云：「都攝六根、淨念相繼、得三摩地」是在指示眾生、必須空除「我相、人相、眾生相、壽者相」、於忘我之中「繫心諦觀」佛說觀無量壽佛經中全部的無量妙義、令「眼、耳、鼻、舌、身、意」此「六根」、盡轉入如來四十八願所成就的無量無邊功德海之中、令專注不散、名為「得三摩地」。

現在很多修淨土的人、都將「都攝六根、淨念相繼、得三摩地」誤解為：稱唸佛名時、要用「意念」發音、以「口」發聲、以「耳」專注的聽自己唸佛的音聲、使唸佛的音聲不斷、唸而不唸、不唸而唸、令不起雜念妄想、叫做「都攝六根、淨念相繼、得三摩地」、如此說者、無有是處！何以故？經中明明說：「都攝六根」就是要把凡夫用事的「眼、耳、鼻、舌、身、意」種種作用（功能）、即是「色、聲、香、味、觸、法」、用在「思惟諦觀」的「觀想」上、而不是作用在身體上。並且把凡夫用事的「色、受、想、行、識」種種作用、用在「思惟諦觀」的「觀照」上、從「思惟的初禪」、入于「諦觀的二禪」、深入「禪定的三禪」、從無上甚深禪定中、證得「如來三昧」（無量義三昧、第一義三昧）、使五陰（色、受、想、行、識）、十二入（眼、耳、鼻、舌、身、意——六根；對色、聲、香、味、觸、法——六塵）、全部轉化入彌陀如來四十八願大智慧海的佛說觀無量壽佛經中、以諦觀四十八願所成就的極樂世界「無量無邊功德海」、令專注不散。於「諦觀」如來無量無邊功德海、令專注不散、即是佛所謂的「深入禪定」、亦名「見性」、亦即是念佛圓通章所說的「都攝六根、淨念相繼、得三摩地」。其中所云：「淨念」是指「諦觀彌陀如來『極樂淨土』的『正念』而言」。絕不是指「稱唸佛名」、唸唸不斷、唸而不唸、不唸而唸、令不起雜念妄想、叫做「淨念」。

「淨念相繼」是指、諦觀彌陀如來「極樂淨土」的「正念」、令「專注不散」而言。凡是立志剃度出家、欲求超脫三界生老病死海的「聖僧、聖尼」、以及在家居士們、皆應依觀無量壽佛經中所有的「戒、定、慧」如法修行、立大志、不退轉、必能成就。若僅以「持名唸佛」的小法自足者、無有是處！或有謂「八萬四千法、法法皆成佛」者、無有是處。

達摩佛祖金剛丸處方

觀身不淨（用全部）、**觀受是苦**（用無量）、**觀心無常**（用無邊）、**觀法無我**（只用心）、以上四味、皆要道地、不可冒用、必向──**涅槃城**──取──**如來法水**、用**八正道材**、燃**三昧真火**、武煉文烹、熬成**無心湯**、日日久煉而成**無心丹**、合　**摩訶般若波羅蜜**　為丸、日日長服、治人間無量百病、三界生死無不盡除、六道輪迴無不根治、最為特效。若係世俗人家、兼服下列三種藥：

父慈子孝──家和散。**夫妻和睦**──順氣湯。

敦親睦鄰──化氣方。合──**金剛丸**──日日常服之、則任何雜症不起、萬劫沉疴消除、永不再發病。

勸持齋　山海慧法師

勸持齋

（一）修心素食要為先　養性歸真樂無邊
自在原靈光耀現　功圓果滿證金蓮

（二）如今修道最明聰　素食持齋煉性功
正法重現揚四海　慈舟到處拯迷童

（三）持齋進道最為優　見性明心正道修
玄關正竅透先天　正法眼藏憶心田

釋結消冤身永泰　娑婆世界證安然

（四）素食盡除眾葷腥　道品戒律要遵行
清口斷惑斷惡緣　心慈口善救萬靈
因緣了斷學仙真　保體修心煉元神

（五）素食持齋培德性　消除孽債證法身
持齋戒殺養慈心　道律良規作指箴

渡眾修身無二志　勤行證果鬼神欽

（六）持齋素食莫遲延　利己更得利眾生

句句真言來勸告　眾生同是真如變

（七）立志持齋志要堅　修身養性效前賢

宣揚妙義緣人渡　證果成道無生蓮

（八）持齋立願記分明　莫棄初心戒律行

誠意嚴行來進道　始終貫徹佛道成

世尊留給人類最後的預言（西元一九九五年十二月）

壞劫即將至、災難遍地起、人禍并天災、瘟瘟天下靡、
為水糧能源、戰禍如浪比、造化滅人煙、地土皆危脆、
貳零玖捌期、哀鴻號天地、無依缺水糧、修羅為掌理、
人醜不如猿、互瞋害飢懼。如來示預知、眾生猶吾兒、
道傳無量義、聞受勤思修、即能了生死。見此心狐疑、
惡逆驕慢怠、邪見入魔棲、譭謗且觀望、悔時已遲遲。

達摩祖師論集・真實義

達摩四行觀・真實義

達摩血脈論・真實義

達摩悟性論・真實義

達摩破相論・真實義

附：六祖法寶壇經・懺悔品・真實義

附：佛說無量壽佛名號利益大事因緣經・真實義

台東　如來第一義見性道場諸弟子、恭印五百冊

道場連絡人：妙明師姊　電話：0九六三一四八六六九三

欲得不招無間罪、莫謗如來正法輪！

惟願悉發菩提心、同生世尊極樂國。

國家圖書館出版品預行編目資料

達摩祖師論集．真實義／山海慧法師著. -- 初版. -- 臺東縣東河鄉 : 黃同志, 2021.12

面； 公分

ISBN 978-957-43-9391-6(精裝)

1.禪宗

226.6　　　110016729

達摩祖師論集・真實義

建議售價・500元

作　　者　山海慧法師
出　　版　黃同志（山海慧法師）
　　　　　台東縣東河鄉北源村17鄰美蘭1-1號
經銷代理　白象文化事業有限公司
　　　　　412台中市大里區科技路1號8樓之2（台中軟體園區）
　　　　　出版專線：（04）2496-5995
　　　　　傳真：（04）2496-9901
　　　　　401台中市東區和平街228巷44號（經銷部）
　　　　　購書專線：（04）2220-8589
　　　　　傳真：（04）2220-8505
印　　刷　基盛印刷工場
版　　次　2021年12月初版一刷
I S B N　978-957-43-9391-6